A
U
F

D
E
M

P
U
N
K
T

Philipp Blom

Aufklärung in Zeiten der Verdunkelung

Aus der Reihe »Auf dem Punkt«

Herausgegeben von Hannes Androsch

Vorwort des Herausgebers

Unsere Welt befindet sich in tiefgreifendem, rasantem Wandel. Der Umbruch der Gesellschaft mit ihrer zunehmenden Komplexität und der Umbruch politischer Ordnungen führen zu neuer Unübersichtlichkeit, welche wachsende Verunsicherung erzeugt.

Um dies abzuwenden, bedarf es Orientierung und zukunftsfähige Perspektiven. Angesichts von Halbwahrheiten und Schlagworten in alten und neuen Medien ist es notwendig, Relevantes und Irrelevantes, Sinn und Unsinn zu unterscheiden. Und es wird fundiertes Wissen über die großen Themen der Gegenwart benötigt, um durch die Flut von Daten, Halbwahrheiten und Fake News navigieren zu können und sich zurechtzufinden. Aus diesem Grund nehmen führende Intellektuelle, Expertinnen und Experten in der Reihe **Auf dem Punkt** zu den großen Fragen unserer Zeit Stellung.

Wie also sollen oder müssen wir uns weiterentwickeln, um die vielfältigen Herausforderungen des 21. Jahrhunderts erfolgreich bewältigen zu können? Manchen mögen die dringenden Aufgaben, die es konkret anzugehen gilt, überfordernd erscheinen. Doch es ist nicht das Gebot der Stunde, abgestumpft einem vermeintlichen Untergang entgegenzusehen. Albert Camus' Sisyphos war der glücklichste Mensch, weil seine Aufgabe nie zu Ende ging.

Das gilt für unsere Aufgaben ebenso wie für die Frage unserer Haltungen. Die Werte und Prinzipien der Aufklärung sind eine Gesinnung, an der Europa wachsen und gedeihen konnte. Ihr Auftrag ist ungebrochen gültig: sich auf der Grundlage der Vernunft für die Gestaltung der Zukunft in Solidarität einzusetzen. Gleichzeitig sind Haltungen und Überzeugungen keine abgeschlossenen, für immer unverrückbaren Dogmen. Wir sollen und müssen deshalb auch unsere eigene, aufgeklärte Haltung immer wieder von Neuem wissens- und nicht gewissheitsbasiert hinterfragen und weiterentwickeln, damit sie den auf uns zukommenden Aufgaben gerecht wird.

Dr. Hannes Androsch

Vorweg: Im Land der Drachen

Nichts von dem, was im Folgenden argumentiert wird, ist wahr, oder genauer: Ich behaupte nicht, dass es die Wahrheit ist, auch wenn ich hoffe, meine Leser:innen davon zu überzeugen. Aber auch diese Hoffnung ist begrenzt.

Was ich in diesem Buch argumentiere, ist das Resultat von langjährigen Debatten mit mir sowie mit lebenden und längst gestorbenen Gesprächspartnern. Es richtet sich nach den besten Fakten, Beobachtungen, Argumenten und Analysen, die ich kenne. Aber mit dem nächsten Buch, dem nächsten Gespräch könnte sich alles ändern. Was ich also anbiete, ist eine Art mentale Landkarte, die ich über mehrere Jahrzehnte von der Welt meiner Erfahrung und meines Verstehens gezeichnet habe und noch immer zeichne, denn die Karte ist niemals fertig, und gelegentlich tauchen sogar neue Kontinente auf, die eine oder andere Terra incognita erscheint plötzlich oder verschwindet.

Auf frühen Seekarten waren in unbekannten Weltgegenden häufig Drachen und andere Fabelwesen eingezeichnet. Es war ein visuelles Spiel, eine Belustigung, aber auch ein stiller Hinweis, dass dies eben nur eine Karte ist, eine Kreatur der menschlichen Fantasie, nicht das Land selbst und auch keine objektive Darstellung.

Es hört nie auf, das Anzweifeln des eigenen Wissens, denn Wissen ist nichts anderes als eine mentale Landkarte, die wir zeichnen (oder kaufen, oder erben), um uns erfolgreich durch die Welt zu bewegen. Allerdings funktionieren Landkarten nur, weil sie die Welt eben nicht so abbilden, wie sie ist. Das Territorium selbst ist viel zu komplex und zu detailreich. Eine Karte vereinfacht, lässt weg, symbolisiert, begradigt. Wir brauchen die Vereinfachung, um zu navigieren.

Jede Landkarte zeigt bestimmte Ziele an und bestimmte Wege, die zu ihnen führen. Was die Kartografen nicht wichtig finden, kann mit der Karte nicht gefunden werden. Die offiziellen, politisch abgesegneten, ökonomisch implementierten und ideologisch gestützten Landkarten der letzten Jahrzehnte zeigen keine sinnvollen Ziele mehr, und keinen realistischen Weg, sinnvolle Ziele zu erreichen. Sie wurden für eine andere Ära gedruckt, in einer Zeit von ewigem Wachstum, fossilen Brennstoffen und der menschlichen Herrschaft über die Natur.

Deswegen ist es wichtiger denn je, selbst neue Landkarten zu zeichnen und sie mit anderen aus Gegenwart, Vergangenheit und aus verschiedensten Kulturen zu vergleichen, sich zu fragen, welche Ziele es wert sind, erreicht zu werden, welche Wege zu ihnen hinführen könnten und welches Wissen über das Territorium dafür wichtig ist.

Was braucht dieser seltsame Primat Homo sapiens, um relativ wenig Zerstörung zu verursachen und mit relativ wenig Angst und Aggression zu leben? Worin besteht ein gutes Leben? Ist es möglich, Wege zu finden, die durch eine angekündigte Katastrophe hindurch zu einem Florieren menschlicher Gesellschaften innerhalb ihrer ökologischen Spielräume führen?

Natürlich ist es eine Herausforderung, über eine neue Aufklärung zu schreiben — teilweise, weil es gerade im frühen 21. Jahrhundert immer wieder und ehrlich gesagt nicht besonders überzeugend versucht wurde, und auch, weil es in einer immer chaotischer werdenden Wissenslandschaft eigentlich unmöglich sein müsste, zumindest aber hoch experimentell.

Das trifft sich gut, denn auch im 17. Jahrhundert haben Vordenker der Aufklärung experimentell gedacht. Der im niederländischen Exil lebende Franzose Pierre Bayle etwa wollte gerade die Vorläufigkeit seiner Argumente deutlich machen, eine Art Wahrheit als Momentaufnahme in einer kontrovers geführten und niemals abgeschlossenen Debatte. Er tat das, indem er die Definitionen in seinem epochemachenden *Dictionnaire historique et critique* (zuerst erschienen 1697) so großzügig mit Fußnoten spickte, dass der eigentliche Text nur die ersten Zeilen der Seite füllt. In den überbordenden Anmerkungen gab er den Stimmen und Gegenstimmen, Positionen und Argumenten, Unsicherheiten und Disputen durch die Jahrhunderte Raum. Generationen von jungen Leser:innen haben mit Bayle in der Hand denken gelernt.

Als kleine Geste des Respekts vor und der Freundschaft zu diesem offenen und experimentellen Denken, das Widersprüche sucht und zulässt, habe ich in diesem Buch eine ähnliche Form gewählt. Da sich Fußnoten in einem so kompakten grafischen Design nicht realisieren ließen, haben die einzelnen Kapitel Endnoten und ergeben einen sich selbst kommentierenden Text, der so mit seinen Leser:innen, aber auch seinen eigenen Zweifeln im Dialog sein will.

Wenn Ihnen, geschätzte Leserin, geschätzter Leser, also die große Linie dieser Überlegungen genug ist, haben Sie nur sechs kurze Kapitel vor sich, die ein großes Argument skizzieren, den

Haupttext. Wenn Ihre Neugier dadurch geweckt ist, in die Gründe und Abgründe der Debatten, der Zweifel und Gegenargumente zu steigen, laden die Endnoten Sie dazu ein, das, was gerade noch so einfach und einleuchtend schien, komplizierter zu machen.

1

Gerade jetzt

Was denn, schon wieder eine neue Aufklärung? Ja, gerade jetzt und notwendiger denn je. Aufklärung in Zeiten der Verdunkelung[1] scheint kaum auf das grell beleuchtete 21. Jahrhundert zuzutreffen, aber tatsächlich hat das Licht des luziden Nachdenkens[2] kaum eine Chance gegen flimmernde Videowände. Heute[3] ist die Verdunkelung nicht mehr optisch, sondern kognitiv und freiwillig, eine Oberfläche aus leuchtenden LEDs.[4] Die Welt der existenziellen Verstrickungen fängt dahinter an, im Schlagschatten der endlosen Displays.[5]

Deswegen beginnt die neue Aufklärung[6] in einem Supermarkt. Dort begegnen Stadtbewohner:innen[7] den Produkten der Natur[8], der Landschaften und Kontinente um sich herum sowie der Menschen, die in ihnen leben und arbeiten.[9]

Gleichzeitig ist ein Supermarkt auch ein Ort der Abschottung[10], welcher eine Barriere zwischen Mensch und Land errichtet, eine Barriere, auf die bunte Bilder projiziert werden, eine marktkonforme Version der Welt da draußen.[11] Dort leben Bauern auf idyllischen Höfen, Kaffee wird von Indios mit lächelnden Kindern geerntet, Kühe sind lila, Gemüse ist makellos identisch und in Kondome eingeschweißt, Milch kommt von der Alm, Soja ist gut und alles ist stets frisch und immer da. Hunderte von Milliarden werden in diese Fata Morgana investiert[12] und niemand glaubt sie wirklich, aber es ist doch bequem, nicht zu sehr daran zu kratzen.[13] Denn dann käme die Wirklichkeit der industriellen Landwirtschaft, der Tierfabriken, der Zerstörung, Verödung und des ökologischen Kollapses.[14] Also lieber glückliche Kühe und ekstatische Hühner und Schwamm drüber.[15]

Die Aufklärung ist dazu da, durch diese Wand durchzustoßen, den Blick nach draußen zu öffnen, in die sogenannte Wirklichkeit[16]. Auch wenn die niemand sehen will. Gerade dann.[17] Denn ohne diesen Blick kann es nicht nur keine Gerechtigkeit geben, es kann auch kein Handeln geben, das sich an der Wirklichkeit orientiert.[18] Und das ist in Zeiten der Klimakrise[19] wirklich eine beschissene[20] Idee.

1 **Aufklärung in Zeiten der Verdunkelung** Im Englischen poetischer: *Endarkenment* als Gegensatz zum *Enlightenment*. Dieses Buch fängt an mit einem Kompromiss, weil die Sprache nicht hergibt, was sie soll und ihre eigenen Bilder mitbringt — mit einer Übersetzung. Das ist eigentlich passend, denn Sprache formt und verformt Denken; das wird im Folgenden immer wieder wichtig sein. Und natürlich ist das eine ziemlich radikale Ansage, aber heben wir uns diese Diskussion noch etwas auf, wir haben noch so viel zu besprechen.

2 **Das Licht des luziden Nachdenkens** Noch eine Anleihe aus dem Englischen, David Humes wunderbar poetischer »*calm sunshine of the mind*«.

3 **Heute** Ja, es ist irritierend, wenn Autoren über »heute« schreiben und damit einen ganz anderen Zeitpunkt meinen, aber dieses historische »heute« ist der Moment, an dem deutlich wird, dass der sogenannte Fortschritt der Menschheit um den Preis der natürlichen Überlebensgrundlagen erkauft wurde. Dieses »heute« ist ein neuralgischer Punkt in der Geschichte von Homo sapiens, eines der letzten Jahrzehnte, in denen dieser Primat sein Schicksal und das so ziemlich aller anderer Lebewesen auf dramatische Weise positiv oder negativ beeinflussen

kann. Deswegen scheint es gerechtfertigt, mit einem so irritierenden Wort zu beginnen.

4 **LEDs** Immerhin ist unsere Scheinwelt inzwischen energiesparend, wenn auch nur zum Schein, denn tatsächlich bedeutet jede technologische Einsparung und Verbesserung ein Ansteigen des Verbrauchs (der sogenannte Rebound-Effekt). Wird elektrisches Licht effizienter und billiger, wird auch mehr beleuchtet. Sparen Autos mehr Sprit, werden größere gebaut, eine neue Umgehungsstraße führt zu mehr Autos und damit zu mehr Staus. Die Idee der klugen Selbstbeschränkung ist im Kontext einer Konsumgesellschaft, nun ja, eine schöne Idee.

5 **Displays** Die grellbunte Verdunkelung macht es schwer bis unmöglich, die Welt dahinter überhaupt wahrzunehmen, so sehr knallen die Lichter durch die Dämmerung. Was dahinter liegt, bleibt im kognitiven Dunkel, bleibt unbekannt. Inzwischen können die bunten Bilder uns völlig darüber hinwegtäuschen, dass wir mit der Welt da draußen verbunden sind, dass wir sie verändern, sie die Bedingung unserer Existenz ist. Hinter den Lichtern ist irgendwann überhaupt keine Wirklichkeit mehr, denn die bun-

ten Bilder zischen direkt ins Kleinhirn, da, wo die unreflektierten Emotionen sitzen. Dort lebt auch das Bedürfnis, dass die bunten Bilder recht haben, denn dann ist alles gut.

In Bezug auf die grellbunte Verdunkelung ist das Ganze allerdings kein zufälliger Zustand, sondern das Resultat langer psychologischer Versuchsreihen mit dem Ziel herauszufinden, wie Konsument:innen sich am effektivsten und am lukrativsten verunsichern, abhängig machen und infantilisieren lassen. Mit jedem Erfolg, Aufmerksamkeit länger zu fesseln, verbessern sich die neuronalen Pfade der selbstlernenden Systeme — nicht aber die neuronalen Pfade der Endverbraucher:innen. Auf Dauer ist das ein ungleiches Spiel.

Diese Manipulation ist heute vielleicht effektiver als je zuvor, aber ihre Existenz ist einerseits nie ein Geheimnis gewesen und ausgezeichnet dokumentiert, andererseits nicht neu. Die katholische Kirche und mit ihr die meisten Religionen haben hierzu die Vorarbeit geleistet und es schon lange vor der Digitalisierung zu einer Kunstform erhoben. Die Künstliche Intelligenz aber übertrifft ihre manipulativen Fähigkeiten um ein Vielfaches.

Mit jedem Erfolg,
Aufmerksamkeit
länger zu fesseln,
verbessern sich die
neuronalen Pfade
der selbstlernenden
Systeme —
nicht aber die
neuronalen Pfade der
Endverbraucher:innen.
Auf Dauer ist das
ein ungleiches Spiel.

6 **Aufklärung** Ein schwieriges und ungenaues Wort, das selbst fast so viel versteckt wie es beschreibt, aber das noch immer beste, das wir haben. Corine Pelluchon nennt die Aufklärung ähnlich wie Foucault »gleichzeitig eine Epoche, einen Prozess und ein Projekt.« (Pelluchon, S. 13) Aber das macht die Sache auch nicht einfacher. Siehe nächstes Kapitel.

7 **Stadtbewohner:innen** d. h. inzwischen die meisten Menschen.

8 **Natur** Noch ein schwieriges Wort mit viel historischem Gepäck, eine riesige Debatte, die aufgemacht wird: Was ist Natur? Wir werden darauf zurückkommen, hier nur so viel im Hinblick auf die erste Aufklärung: Für Baruch Spinoza war sie gleichbedeutend mit Gott, im 17. Jahrhundert ein geniales Argument, um Gott abzuschaffen. Auch Gott kann schließlich nicht gegen seine eigenen Gesetze verstoßen, die er als vollkommenes Wesen beschlossen hatte. Und das sind die Naturgesetze, d. h. heimtückischerweise aber auch, dass Gott, seinen eigenen unabänderlichen Gesetzen folgend, selbst nicht in die Geschichte eingreifen kann, dass alle Bittgebete sinnlos sind, wie auch alle Theologie, denn alles Wissenswerte über Gott steckt

in den Naturgesetzen, durch die er sich perfekter offenbart als durch irgendein heiliges Buch mit irrationalen Geboten. Das war für das Publikum seiner eigenen Zeit geschrieben. Aber Spinozas Gedanken sind noch heute radikal: Es gibt nichts außerhalb der Natur. Auch nicht uns selbst und unsere Kultur. Was wir »Kultur« nennen, ist nur eine besonders komplexe Ausformung evolutionärer Prozesse. Auch andere Tiere bauen Millionenstädte, nutzen Werkzeuge, zeigen Bewusstsein des eigenen Selbst und Arten von Intelligenz, die noch kaum beschrieben werden können. Männliche Laubenvögel schaffen wunderschöne Konstruktionen aus Zweigen und nach Farben arrangierten *objets trouvés*, die man nur als Kunstwerke bezeichnen kann, natürlich um ein Weibchen anzulocken, denn ihre Angebeteten sind alle Kunstkritikerinnen. Phänomene, wie Schönheit, Gerechtigkeit, angemessene Gewalt, Rechte innerhalb einer Gruppe, eine moralische Ordnung, die Fähigkeit zu täuschen und zu lügen, sind anderen Tieren nicht fremd. Was also ist Natur? Nach Spinoza umfasst sie alles im Universum und jede Äußerung der Natur, ergo auch alle Träume und Produkte von Homo sapiens.

9 **Leben und arbeiten** Eine populäre urbane Legende besagt, dass jeder Mensch mit jedem anderen über sechs persönliche Begegnungen, sechs Handschläge verbunden ist. Auch Konsumgüter von Getreide bis hin zu T-Shirts und Hamburgern haben eine ähnlich verbindende Funktion, Kettfäden im Gewebe einer globalen Gesellschaft, in der ein T-Shirt von der Hand einer Arbeiterin in Bangladesch in die einer gleichaltrigen jungen Frau in einem reichen Land gelangt und von dort vielleicht zu einer Frau auf einer der Gebrauchtkleiderbörsen in Westafrika, eine Kette zusammenhängender, einander bedingender Lebensgeschichten und eine Landschaft ungleicher Umstände.

Diese Kette, die Anerkennung des Verkettet-Seins mit all diesen Geschichten, wird gewöhnlich durch Geld unterbrochen. Das ist ja sein Charme, dass es die sozialen Schulden und Verbundenheiten durch eine Zahlung einfach abschneidet. Wer ein Geschenk bekommt, tritt in die Schuld des oder der Schenkenden, muss etwas zurückschenken, den Kreislauf der Großzügigkeit in Gang halten. Wenn ich aber bezahlt habe, schulde ich nichts mehr. Dieses Kappen aller Verbindungen und sämtlicher

Verpflichtung über die Zahlung hinaus kommt zustande, wenn die soziale Schuld zur finanziellen wird. Diese Logik liegt auch der künstlichen Fata Morgana der Supermarkt-Welt zugrunde. Die Bezahlung absolviert einen davon, hinter die grelle Projektionswand zu blicken, mit den Produzent:innen direkt in Kontakt zu treten, sie wahrzunehmen, irgendetwas oder irgendjemanden überhaupt wahrzunehmen. War das jetzt eine Person an der Kasse oder war das voll automatisch? Die nette Stimme deutet eher auf einen Roboter hin. Siehe auch Lewis Hydes brillantes und exzentrisches Essay *Die Gabe*.

10 <u>Ort der Abschottung</u> Ein Ort in einem spezifisch industriellen Sinn, ein Ort, wie es ihn vorher noch nicht gegeben hat, der dem Processing von Menschen gewidmet ist, wie Schlachthöfe dem Processing von Tieren gewidmet sind, ein Ort wie auch Flughäfen, Einkaufszentren, Gefängnisse und Krankenhäuser.

11 <u>Welt da draußen</u> Diese Barriere ist gleichzeitig Wand und Leinwand und ist im digitalen Zeitalter besonders leicht und täuschend bespielbar. Der tschechische Philosoph Vilém Flusser verglich diese Art mediale Oberfläche mit den Fettaugen, die auf einer Suppe schwimmen,

als glänzende Spiegel alle Aufmerksamkeit auf sich ziehen und so den Rest, die Suppe selbst, verbergen. Das scheint wie eine dezidiert mitteleuropäische Version von Platons Höhlengleichnis. Schon er verglich die Wirklichkeit des philosophisch nicht gebildeten Volkes mit einer Höhle, deren Insassen mit den Augen zur Rückwand gerichtet nur die Schatten der eigentlichen Wirklichkeit sehen, die sich außerhalb der Höhle abspielt. Die Insassen der Höhle aber wissen das nicht. Sie halten die Schatten für die Realität und sind Marionetten in den Händen der Wissenden. In einer digitalen Wirklichkeit braucht es eigentlich kein Gleichnis mehr; wir sind längst in der Höhle angekommen und schaffen sie uns selbst, indem wir unsere Augen kaum von unseren Bildschirmen und der auf ihnen von cleveren Algorithmen simulierten Welt nehmen können. Ein Problem von jeder neuen Aufklärung ist, dass die Technologien der platonischen Höhle so viel effizienter geworden sind. Ein Heiligenbild in einer Kirche und die Statue einer Göttin waren eben noch keine Deep Fakes.

12 **Fata Morgana** Nach Angaben von statista.com haben Medieneigentümer 2023 808 Milliarden

Dollar aus Online-Werbung eingenommen, Tendenz stark steigend, die Schwelle von einer Billion (also 1000 Milliarden) soll 2026 geknackt werden.

Das übrigens ist auch ein Argument gegen die von alten Aufklärern so geliebte Idee, dass Menschen von sich aus vernünftig sind und ihre Entscheidungen rational treffen. Wenn das so wäre, gäbe es keine Werbeindustrie. Auch neoklassische Ökonom:innen nehmen gerne an, dass Menschen frei und rational handeln, hauptsächlich, weil das sich gut in mathematische Modelle einarbeiten lässt. Tatsächlich sind unsere Motivationen aus der Sicht der Psychologie eher durch Statusangst, Komplexe, Stammesdenken, kognitive Verzerrungen und die verlässlich anarchistische Libido angetrieben, aber offensichtlich war den Vätern der neoklassischen Wirtschaftslehre ein perfektes Modell wichtiger als eine Erfassung menschlicher Motivationen. Das erinnert an die verächtliche Bemerkung eines Ökonomen zu einem Kollegen: »Diese Idee funktioniert vielleicht in der Praxis, aber taugt sie auch zur Theorie?«

13 **Nicht zu sehr daran zu kratzen** Besonders eindrücklich ist das bei Haustieren zu sehen. Für unsere

geliebten, fühlenden Freunde sind wir bereit, andere fühlende, aber nicht so sehr geliebte Viecher am Ende ihrer miserablen Existenz buchstäblich durch den Fleischwolf zu drehen. Die meisten der 80 000 000 000 pro Jahr geschlachteten Tiere sind übrigens Hühner.

14 Ökologischer Kollaps Der Kollaps der Biodiversität, der sich hinter den bunten Bildern abspielt, hat Dimensionen, von denen einem die Augen feucht werden können. Seit 1970 ist die Biomasse wild lebender Tiere weltweit um 69 % Prozent zurückgegangen (ourworldindata.org), die Insektenpopulationen in Europa teilweise kollabiert auf ein Viertel der Größe vor 1970. Das ist auch deswegen dramatisch, weil Organismen nicht in Isolation voneinander leben, sondern in komplexen Systemen, in denen jeder Teil eine Funktion erfüllt und vom Funktionieren anderer abhängt. Wenn zu viele Fäden in diesem Gewebe zerreißen oder rausgezogen werden, wird das Ganze auseinanderfallen, und dieses Ganze ist auch unsere Lebensgrundlage.

15 Schwamm drüber Diese Logik — lieber glückliche Kühe und ekstatische Hühner — ist nicht auf Supermärkte begrenzt. Es scheint verlockend, der offiziellen, marktkonformen, machtkonfor-

men Version der Dinge Glauben zu schenken. Lange Zeit war das eine soziale Wirklichkeit, die nur von jenen Menschen als unmenschlich empfunden wurde, die diesen Glauben nicht teilen konnten, weil sie in die falsche Religion hineingeboren waren, in den falschen Körper, mit den falschen Gefühlen oder den falschen Fragen im Kopf. Das war schlimm genug für sie, richtete in den Ökosystemen der Umgebung aber nur sehr begrenzte Schäden an. Mit der immer weiter in die Höhe schnellenden Zerstörungskraft menschlicher Technologien aber wird der Glaube an die offizielle Version und an die Folgenlosigkeit des menschlichen Handelns zu einem mächtigen Agenten der Zerstörung.

16 **Die Wirklichkeit** Ah, natürlich. Gibt es sie — und, wenn ja, wie kann ich wissen, dass ich sie erkenne? Liegt nicht, wenn es sie denn gibt, ein Schleier zwischen der menschlichen Wahrnehmung und der Welt da draußen, der nicht gelüftet werden kann? Können wir die Dinge jemals so erkennen, wie sie sind, oder eben nur so, wie unsere Wahrnehmung es uns erlaubt?

Hinter diesen Fragen liegen Jahrtausende von Debatten und »Wahrheiten«. Wir werden diese Büchse der Pandora also nur einen Spalt weit öffnen, genug um zu sagen, dass es für die Entscheidungen unseres Lebens wenig Sinn ergibt, davon auszugehen, dass es die Welt um uns herum nicht gibt, dass sie reine Täuschung ist, oder ein bloßer Traum, oder lediglich Wahrscheinlichkeit. Im täglichen Leben müssen wir uns so verhalten, als gäbe es sie und wir könnten sie verstehen, also: nicht gegen Wände laufen oder vor fahrende Autos, nicht in Steckdosen fassen. Es gibt reale Fakten mit realen Konsequenzen. Wie diese Fakten aber zusammenhängen, was sie bedeuten und woraus sie in ihrem Innersten bestehen, das haben lange Philosophen beschrieben; heute tun es Physiker:innen. Und ja: Das materielle Universum scheint völlig anders beschaffen zu sein, als es unserem begrenzten Erfahrungshorizont erscheint. Die Quantenphysik geht davon aus, dass es eine physische Wirklichkeit nicht gibt, aber das hilft wenig, wenn mein wirkliches Kind in eine wirkliche Steckdose greift. Um zu überleben, brauchen wir also kein absolutes Wissen, sondern genau die Art von Wissen, die es uns erlaubt, erfolgreich durch diese Welt zu navigieren. Das können wir getrost Wahrheit nennen.

Wir sind von der Evolution nur dazu ausgerüstet, eine kleine Bandbreite von Phänomenen auf eine bestimmte Weise wahrzunehmen und zu mentalen Landkarten zusammenzufügen. Das heißt aber nicht, dass keine Wirklichkeit existiert oder dass sie von vornherein (mit den Mitteln der Wissenschaft) dunkel bleiben muss. Einigen wir uns also auf diesen etwas altmodischen und naiven Begriff, der uns das Weiterdenken ermöglicht. Wie ein alter Professor von mir sagte: »Einige von Ihnen haben dazu vielleicht kompliziertere Fragen, aber für die habe ich auch kompliziertere Antworten.«

17 Gerade dann Hier haben wir das vielleicht größte Hindernis einer neuen Aufklärung: Sie macht sich selbst unbeliebt. Dabei waren einige Aufklärer sich ihrer Aufgabe durchaus bewusst. Diderot meinte, die Aufklärung höre in den Vorstädten auf, denn jenseits von ihnen seien die Menschen zu hungrig und zu ignorant. Das ist in Zeiten der Inklusion ein inakzeptabler Gedanke, aber es spricht auch heute noch einiges dafür. Sogar der alte Kant, der in schwachen Momenten an den Weltfrieden glaubte, fragte sich in anderen, wie man aus dem krummen Holz der Menschheit etwas Gerades zimmern kön-

Hier haben wir das vielleicht größte Hindernis einer neuen Aufklärung: Sie macht sich selbst unbeliebt.

ne. Vielleicht ist es auch eine unmögliche Ambition, etwas Gerades zu zimmern. Vielleicht liegt viel Schönheit in der Krummheit und Gewachsenheit des Lebens, wie es nun mal ist. Kann aufklärerisches Denken diese Idee integrieren? Das scheint eine wesentliche Herausforderung zu sein.

18 **An der Wirklichkeit orientiert** So ein Handeln ist ein kurzes Warten vor der Überquerung einer Straße, wenn gerade ein Auto auf einen zugerast kommt, oder ein Abbremsen, wenn man merkt, dass man mit unkontrollierbarer Geschwindigkeit auf einen Abgrund zufährt. Fährt man aber weiter, weil der Abgrund auf den Werbespots nicht vorkommt, handelt man nicht mehr der Wirklichkeit entsprechend. Und wenn man das auch noch tut, obwohl man weiß, dass es lebensrettend wäre, jetzt sofort zu bremsen, weil dort wirklich ein Abgrund ist, dann wählt man die (tödliche) Fiktion über die Wirklichkeit.

19 **Klimakrise** Klimawandel, Klimakatastrophe? Streiten wir uns nicht um Worte, aber halten wir fest: Allein seit 1990 wurden mehr fossile Ressourcen verbrannt als in der gesamten Menschheitsgeschichte davor.

Durch den massiven Ausstoß von CO_2 und anderen Gasen im Zuge der Industrialisierung und einer Version von Fortschritt, der direkt in einen fossilen Überwachungskapitalismus zu führen scheint, durch massive Verschmutzung oder Überausbeutung natürlicher Ressourcen und durch industrielle Landwirtschaft und ihre Abhängigkeit von Pestiziden, Düngemitteln, Monokulturen und Patentrechten hat Homo sapiens innerhalb weniger Jahrzehnte natürliche Systeme überfordert, aus dem Lot gebracht, vergiftet und entregelt, mit noch unbekannten, aber sicherlich katastrophalen Konsequenzen.

Das ist wissenschaftlicher Konsens. Es ist keine Garantie auf Wahrheit, aber gute Wissenschaft stellt auch gar keinen Wahrheitsanspruch. Was zählt, ist nützliches Wissen. Mit wissenschaftlichen Methoden wurde schon vor einem halben Jahrhundert errechnet, dass bei einem ähnlichen Wachstum, wie die Weltwirtschaft und besonders die Ökonomien des globalen Nordens es erlebt haben, eine Erderhitzung von zwei bis drei Grad die Folge sein würde, mit allen schon damals erdenklichen Konsequenzen, siehe *Die Grenzen des Wachstums*, aber siehe auch Wissenschaftler, die bereits in den 1970er-Jahren als Angestellte von Exxon Mobile und anderen Konzernen zu ähnlichen Ergebnissen kamen, was ihre Chefs allerdings nicht davon abhielt, trotzdem das Gaspedal durchzutreten und gleichzeitig jahrzehntelang jeden kausalen Zusammenhang zwischen fossilen Brennstoffen und Erderhitzung zu leugnen. Im Falle dieser Manager ist das eine moralische und vielleicht auch juristische Frage. Im Falle der Menschheit ist es eher eine evolutionäre, vor allem aber eine physikalische. Jede Spezies tendiert dazu, alles zu fressen, was sie vor die Schnauze kriegt.

Aber zurück zum nützlichen Wissen der Wissenschaft. Momentan sagt sie, die ein Teleskop an einen präzisen Ort Millionen Kilometer von der Erde entfernt schicken kann und die unsere Smartphones, Kühlschränke und Antidepressiva möglich gemacht hat, dass die klimatischen Veränderungen desaströse Folgen für Menschen und andere Organismen, ja für ganze Biosysteme haben werden, bevor das Klima sich wieder (wenn auch leider zu spät für Menschen) stabilisieren wird. Alle Berechnungen, die auf diesen Modellen beruhen, haben sich über Jahrzehnte bewahrheitet, die Modelle haben sich als hocheffizient erwiesen und werden ständig verbessert. Es ist deswegen nicht vernünftig anzunehmen, dass es unmöglich so schlimm kommen kann, dass man nicht so schwarz sehen darf, dass es diesmal anders sein wird, dass die rettende Technologie kommt, dass alles mindestens zwei Seiten hat und man eine zweite Meinung braucht, bevor man sich selbst eine bildet, oder dass eine dunkle Kabale hinter allem steckt. Es ist vernünftig anzunehmen, dass die Modelle voraussagekräftig, die Konsequenzen real sind. Es wäre auch vernünftig, danach zu handeln — aber gut.

Das nützliche Wissen von heute könnte morgen völlig ersetzt und als falsch erkannt werden. Trotzdem ist es jetzt das beste, das uns zur Verfügung steht.

20 Eine beschissene Idee

Pardon my French.

2

Lebenslügen

Aufklärung[1] war von Anfang an ein Kampf gegen allzu bequeme Geschichten einer Gesellschaft.[2] Die historische Aufklärung mit ihrer Rebellion gegen Thron und Altar ist vorbei, denn der Adel[3] und die Kirche[4] haben heute wesentlich weniger Macht.

Die große Zeit dieser Debatte um Begriffe wie Vernunft, Freiheit, Toleranz, Friede, Gleichheit und Solidarität war das 18. Jahrhundert, und sie begann in Europa, obwohl ihre Ideen nicht (nur) europäisch waren[5] und sich die Diskussionen und Revolutionen in ihrem Kielwasser bald über den ganzen Globus zogen.[6] Sie hat die Welt verändert. Mission erfüllt?

Aber hat sich die Aufklärung nicht auch längst ad absurdum geführt? Ihr Universalismus ist suspekt, ihr Anspruch hegemonial, ihre Körperfeindlichkeit widerlich, ihr Paternalismus und ihre Komplizenschaft mit allen möglichen Formen der Unterdrückung evident, ihre Besessenheit mit Religion längst veraltet. Es hagelt Angriffe von Klimaaktivist:innen sowie postkolonialen Aktivist:innen und Konservativen, alle mit schwerwiegenden Anschuldigungen. Auch die Aufklärung hat schließlich ihre Lebenslügen.[7]

Es ist wahr, dass die Aufklärung Dreck am Stecken hat. Die Frage ist nur, ob der Dreck den Stecken unbrauchbar macht oder eben nur verdreckt. Sind die Ideale der Aufklärung falsch, weil in ihrem Namen Verbrechen begangen wurden? Waren zentrale Ideen von vornherein problematisch, der Universalismus immer schon implizit imperialistisch, die Gleichheit nie wirklich gleich, der aufgeklärte Körper immer noch von christlicher Scham befleckt?[8]

Jeder denkerische Zugang zur Welt ist auch Kind seiner Zeit, kann sich von seiner historischen Pose und seinem Idiom nicht völlig befreien. Doch der Versuch der Befreiung ist damit nicht grundlos gewesen, und an diesen Versuch kann ein neuer Versuch anknüpfen, um eine Weltsicht und eine Dynamik zu stärken, die nach Autonomie, Toleranz, Solidarität und verlässlichem Wissen strebt.[9]

Ich werde mich hier nicht in der Vergangenheit verlieren, aber nur der Klarheit halber: Das, was in vielen Philosophiebüchern »Die Aufklärung« heißt, ist eine Erfindung des 19. Jahrhunderts, ein klebriges historisches Konfekt, halb Geschichte, halb Propaganda. Ich verwende das Wort, weil es auf Debatten, Argumente und Ideen verweist, die vor drei Jahrhunderten die Welt veränderten, bevor diese Debatten von Historikern »bereinigt« und eine radikal zurechtgestutzte Aufklärung im Singular kanonisiert wurde. Die ungereinigte Aufklärung ist viel kreativer, reicher, mutiger und radikaler, als die meisten historischen Darstellungen vermuten lassen.[10] Diese Energie hat ihr Potenzial für Transformation, vor allem aber für intellektuelle Klarheit nicht verloren.[11]

Die Haltung der Aufklärung war von Anfang an die Opposition, der Kampf gegen allzu bequeme Geschichten. Dieses Engagement ist heute wichtiger denn je, denn die bunten Scheinwelten werden mit immer größerer Effizienz in die Hirne von Primaten gepumpt, die von der Evolution darauf nicht vorbereitet wurden und damit heillos überfordert und übersättigt sind — in unsere

Hirne. Diese Geschichten können religiös sein oder nationalistisch, aber sie können auch um freie Märkte[12] gehen, um liberale Werte, um ewiges Wachstum oder ein Leben nach dem Tod, um folgenlosen Konsum, die Vorsehung, ewigen Fortschritt oder die Erlösung.[13]

Gruppen und besonders Gesellschaften erzählen sich und anderen zusätzlich zu diesen globalen Narrativen dauernd die Geschichten eigener Einzigartigkeit:[14] wer sie sind, wofür sie stehen, warum sie gut sind, ihre Werte besser als andere, ihre Ideale höher, ihre Herzensgaben tiefer, ihre Traditionen älter, Interessen legitimer, Strukturen überlegen, ihre Bescheidenheit größer, ihre Verdienste historischer, die Vergangenheit ein besonderer Kampf, ein unvergleichliches Martyrium.[15] Dazu kommt ein drittes und häufig überlappendes Evangelium: die Identität aus Branding und Konsumentscheidungen, aus Chanel und Beyoncé, Red Bull und Cristiano Ronaldo und die (strukturell meist sehr alten und religiösen) Narrative, die diese Identität transportiert, nämlich den Zugang zur Transzendenz durch einen Akt der

Kommunion, in diesem Fall durch den Akt des Kaufens. Generationen unserer Vorfahren dachten sich vor Heiligenbildern in etwa dasselbe, was Menschen heute beim Anblick von flimmernden Werbewänden in den Sinn kommt: die irritierte Sehnsucht nach einer Welt, deren Helden besser sind, selig sind, ohne die Probleme Normalsterblicher, eine Welt, an der sie teilhaben können, wenn sie sie körperlich konsumieren wie Gläubige beim Heiligen Abendmahl. So modern ist die hyperkapitalistische Gegenwart für überforderte Primatenhirne.

Zwischen so vielen Bildern und unter so viel narrativem Druck hat David Humes *calm sunshine of the mind* nur unter großen Mühen eine Chance, sich aus der Flut der Eindrücke, Informationen Emotionen und gefühlten Verpflichtungen zu emanzipieren, um eine Art persönlicher, intellektueller Autonomie zu erreichen.

Kollektive Erzählungen bieten Zuflucht vor zu viel Autonomie, vor dem Gefühl der Heimatlosigkeit, aber ihre Umarmung hat einen Preis: Sie schaffen Haltungen und Handlungen und damit Politik und allzu häufig Unterdrückung.[16] Irgendwann, besonders wenn sie zu erfolgreich sind oder wenn ihre Technologien sie überholen[17], drohen sie zum Spiegelkabinett zu werden, in dem die Erzähler immer nur sich selbst sehen, die eigene Stimme als Echo hören.[18]

Das Ethos[19] der Aufklärer richtete sich im 17. Jahrhundert gegen die großen Geschichten ihrer Zeit, getragen von Kirche und Adel, gegen die Ignoranz des Glaubens und die politische Unfreiheit.[20] Heute sind Ignoranz und politische Unfreiheit nur anders verpackt und es steht ungleich viel mehr auf dem Spiel.[21]

Aufklärerisch denken fängt also damit an, die Lebenslügen[22] der Gegenwart zu verstehen und auszuhebeln,[23] weil Lebenslügen zwar tröstlich sind, aber gerade in existenzieller Gefahr kein sinnvolles Handeln erlauben.

In einem nächsten Schritt geht es auch darum, neue Denkräume zu öffnen und bessere Geschichten vorzuschlagen.[24]

1 Aufklärung Also gut, gehen wir's an, die Definition im Haupttext kann nicht einmal annähernd mit der historischen Komplexität umgehen, irgendwann müssen wir mit diesem Begriff in den Ring steigen. Was ist eigentlich mit »Aufklärung« gemeint?

Mit »Aufklärung« schon mal was anderes als mit *Enlightenment* oder *Lumières, Verlichting* oder *Illuminismo, Illuminacion* etc. Tatsächlich waren die Denktraditionen in den einzelnen Sprachen und unter sehr unterschiedlichen Verhältnissen stark verschieden voneinander, haben einander teilweise wahrgenommen und aufeinander reagiert, und teilweise auch sehr unterschiedliche Pfade verfolgt. Einige waren revolutionär, materialistisch und atheistisch, andere wesentlich moderater und kompatibler mit dem Denken ihrer Zeit. Erst im Nachhinein ist aus dieser Landschaft von Argumenten und Debatten ein einziges, wohldefiniertes historisches Phänomen gemacht worden.

Zwei Jahrhunderte früher hatte sich ein rebellierendes und aufsteigendes Bürgertum die zentralen Argumente des neuesten Denkens, etwa die skandalöse Idee der menschlichen Gleichheit, zunutze gemacht, um dem Adel und der Kirche politische Teilhabe abzuringen. Im 19. Jahrhundert waren diese Bürger selbst die Mächtigen. Jetzt waren sie nicht mehr auf der Suche nach explosiven Ideen und widerständigem Denken, sondern nach einem Ursprungsmythos und nach historischer Legitimität.

Die Erfindung einer »Aufklärung« à la Descartes, Voltaire und Kant, also moderat, einer ultimativen Vernunft verschrieben, universalistisch, aber doch auch elitär, moralisch dem Glauben an einen Gott verpflichtet und hierarchisch in der sozialen Vision — diese Aufklärung war ideal als Ursprungsmythos einer liberalen, kapitalistischen Welt geeignet und wurde flugs in allen großen Sprachen von würdigen Historikern in die Geschichte hineingeschrieben.

2 **Aufklärung als Kampf gegen allzu bequeme Geschichten einer Gesellschaft** Eine fragwürdige Definition. Was ist, um am Anfang zu beginnen, mit Kants »Ausgang des Menschen aus der selbst verschuldeten Unmündigkeit«? Vielleicht ist sie auf eine seltsame Weise endlich wahr geworden. Seltsamerweise ist es noch immer die beste Definition von »Aufklärung«, aber gleichzeitig ein Beispiel dafür, wie problematisch Kant ist.

Was an dieser Formulierung verräterisch ist, ist das Adjektiv. Warum ist die Unmündigkeit »selbst verschuldet«? Sind Menschen schuld an ihrer Unmündigkeit? Aus Kants persönlichem Kontext lässt sich diese Frage zumindest ansatzweise beantworten. Seine Eltern waren Pietisten und glaubten an die Selbstverantwortung jedes erwachsenen Menschen, sich aus Einsicht in die Wahrheit Gottes taufen zu lassen, eine kulturelle Denkfurche, in der Kant sich vielleicht noch immer bewegte, denn wer sich nicht taufen ließ, lebte laut den Pietisten in einem selbst verschuldeten Zustand der Unerlöstheit.

Allerdings konnte man Kants arme und analphabetische Zeitgenossen kaum beschuldigen, aus eigener Trägheit heraus wenig über die Welt zu wissen. In der heutigen Welt ist das komplizierter geworden, weil so vielen Menschen so viel erstklassige und verifizierbare Information zur Verfügung steht, aber gleichzeitig eine Fluchtbewegung deutlich wird: weg von wissenschaftlichen, objektivierbaren Modellen (die, ja, auch nur Modelle sind) und im vollen Galopp ins identitätsstiftende Stammesdenken.

3 Die reduzierte Macht des Adels Das könnte man allerdings auch ganz anders sehen. Heute schaffen sich die Gesellschaften des globalen Nordens eine neue Aristokratie des Geldes, die ihre Demokratien aushöhlt und die Entscheidungsmacht aus den Händen der Regierungen nimmt. In anderen Weltgegenden haben undemokratische Machthaber ihre Stellung nie verloren. Heute fluten evangelikale Kirchen und andere Sekten in das Vakuum, das ein Mangel an sozialer Sicherheit und Hoffnung hinterlassen hat.

4 Die reduzierte Macht der Kirche Das mag in Europa so sein, in Afrika und den Amerikas sowie in Asien aber sind evangelikale Kirchen enorm auf dem Vormarsch, mit direkten politischen Konsequenzen. Diese religiöse Rückeroberung der Welt bleibt nicht auf das Christentum begrenzt. Islamische, jüdische und Hindu-Fundamentalisten greifen auf vielen Erdteilen nach der Macht, und ihre Vormacht resultiert mit bedrückender Häufigkeit in Kriegen und Verbrechen gegen die einfachsten Standards aller Menschlichkeit.

5 Ideen, die nicht (nur) europäisch waren Nehmen wir nur die Idee der menschlichen Gleichheit, die oft aufs Christentum zurückgeführt wird, obwohl

eine Gleichheit aller Menschen im Alten Testament gar nicht vorkommt (es gibt zum Beispiel kein Gebot gegen Sklaverei) und es auch im Neuen Testament um die Erwählten und die Verdammten geht.

Das Konzept der Gleichheit bestand bereits im antiken Griechenland in der Philosophie der Stoiker oder auch bei Aristoteles, und der chinesische Philosoph Menzius (372–289 v. u. Z.) schrieb ebenfalls darüber, wenn auch sowohl die griechische als auch die chinesische Gesellschaft Ungleichheit und Sklaverei kannten. Was dieser alten und über lange Zeit marginalen philosophischen Idee im 17. Jahrhundert in Europa plötzlich Auftrieb gab, war, dass sie sich mit einer sozialen Energie, einer transformativen Bewegung verbündete oder von ihr gewählt wurde, nämlich dem aufstrebenden Bürgertum. Gleichheit ist genauso wenig europäisch, westlich oder christlich wie andere Grundprinzipien des aufgeklärten Denkens, wie die Betonung der Empirie oder das Streben nach Emanzipation.

Was aber tatsächlich einzigartig für die Aufklärung war, war die Vermischung dieser Ideen mit ursprünglich christlichen, theologi-

Was aber
tatsächlich einzigartig
für die Aufklärung
war, war die
Vermischung dieser
Ideen mit ursprünglich
christlichen,
theologischen
Denkfiguren,
die gewissermaßen
in ziviler Kleidung
wieder auftreten.

schen Denkfiguren, die gewissermaßen in ziviler Kleidung wieder auftreten: die Vernunft (die Seele), der Fortschritt (Heilsgeschichte), die Körperfeindlichkeit, der Universalismus, die Erlösungsbedürftigkeit des Menschen von sich selbst, die Stellung des Menschen außerhalb und über der Natur: Diese Ideen kamen aus der christlichen Erziehung und dem Glauben vieler Aufklärer und gaben den Menschheitsideen, mit denen die Aufklärung begann, einen ganz besonderen Spin, einen Drall ins Theologische, der das Denken in dieser Tradition bis in den Sozialismus und die Ökonomie des späten 20. Jahrhunderts hinein verfolgt hat. Die tatsächlich universellen oder doch universell vorkommenden Ideen wie Freiheit, Gleichheit und Solidarität sind nicht immer sauber von denen aus der christlich-theologischen Tradition zu trennen. Das schafft trübe Wasser, in denen man nur selten und schwer auf den Grund sehen kann, auf dem man steht.

6 Über den ganzen Globus zogen Im Kontext der postkolonialen Geschichte wird argumentiert, dass zentrale Ideen der Aufklärung eigentlich von außen kamen und die Europäer durch Begegnungen oder Reiseberichte direkt inspirierten.

Zuletzt haben das David Graeber und David Wengrow in *The Dawn of Everything* getan, Graeber auch schon früher in *Pirate Enlightenment*. Leider sind diese Versuche mehr vom Wunsch und Willen getragen als von historischer Evidenz. Gerade die Reiseberichte, die hier als historische Beweise über die Denkweisen anderer Kulturen herangezogen werden, wurden schon seit dem alten Rom, aber besonders intensiv im 18. Jahrhundert als literarische Form verwendet, wo fiktive exotische Gesellschaften der eigenen einen Spiegel vorhalten sollten. Sie wurden also nicht als dokumentarische Faktenberichte gelesen, das tun nur heutige Historiker:innen.

Anders verhält es sich mit der chinesischen, doch auch der arabischen Philosophie, die einen immensen Einfluss auf das europäische Denken hatte. Auch anderswo wurden die Ideen, die für die Aufklärung zentral waren, ganz unabhängig entwickelt, etwa von dem äthiopischen Gelehrten Zera Yacob (1599–1692), der Prinzipien über einen rationalen Zugang zur Welt, empirisch basiertes Denken, Menschenrechte und Ethik herleitete. Seine Werke erreichten die europäische Debatte erst im 19. Jahrhundert in einer zweifelhaften Übersetzung und lösten vor allem eine Diskussion über seine Echtheit aus.

7 **Lebenslügen** Zu den Lebenslügen der Aufklärung gehört, dass prominente Vertreter häufig nicht taten, was sie predigten. Zahlreiche Aufklärer waren aktive Teilnehmer an Systemen der Unterdrückung, der Ausbeutung und der Manipulation. Der große Freiheitsdenker John Locke unterstützte die Sklaverei, Voltaire, der Säulenheilige der Toleranz, investierte in Sklavenplantagen, Frauen wurden nur von den wenigsten männlichen Denkern als ebenbürtig betrachtet, und so weiter. Immer wieder wurde das Vokabular der Aufklärung und die Methoden der Wissenschaft missbraucht, um Macht zu rechtfertigen und Strukturen der Unterdrückung zu schaffen, die den aufgeklärten Idealen widersprachen. Frauen und Menschen dunkler Hautfarbe wurden mit wissenschaftlichen Argumenten für minderwertig erklärt, ganze Gesellschaften dem unterworfen, was Max Horkheimer und Theodor W. Adorno die instrumentelle Vernunft nannten: Rationalistische Systeme wie Fabriken und Schlachthöfe, Gefängnisse und Großstädte, in denen Menschen bloße Einheiten sind, die administriert und

manipuliert werden müssen, eine Logik, die diesen beiden Kritikern zufolge direkt zu den Todesfabriken von Auschwitz führte. Das war von Anfang an so. Die historische Komplizenschaft von großen Exponenten der Aufklärung ist klar. Aber die Kritik ihrer Heuchelei baut selbst auf aufgeklärten Annahmen auf, nämlich dass Ungleichbehandlung und Unterdrückung verwerflich sind, weil alle Menschen gleich an Rechten sind. Die Kritik betrifft also zuerst einmal die Tatsache, dass sich Exponenten der Aufklärung historisch kompromittiert haben, nicht dass ihre Ideen falsch oder verwerflich waren.

8 **Von christlicher Scham befleckt?** Hier noch einige Fragen der postkolonialen Kritik und die Tatsache, dass diese Kritik sich an einer Aufklärung abarbeitet, die nur eine Konfektion von Historikern ist, die im Nachhinein und mit deutlichen propagandistischen Interessen zusammengeschrieben wurde. Diese Aufklärung verdient es sicher, begraben zu werden, aber auch das im Namen aufgeklärter Prinzipien.

Es muss auch angemerkt werden, dass eben nicht die ganze Aufklärung kolonialistisch, rassistisch, hegemonial und körperfeindlich war. Ihre Debatten enthielten von Anfang an auch

Stimmen, die dezidiert gegen jede Unterdrückung waren, die gleiche Rechte für Frauen forderten, leidenschaftlich gegen die Sklaverei polemisierten und jede Art von politischer Macht mit größter Skepsis beäugten, die die Gleichheit aller Menschen verlangten und die Domäne des Bewusstseins und der Leidensfähigkeit weiter in die Natur ausdehnten. Jonathan Israel hat diese Stimmen in seinem *Radical Enlightenment* ausführlich gewürdigt. Ich habe darüber u. a. in *Böse Philosophen* und *Die Unterwerfung* geschrieben. Diese Stimmen gehörten meistens nicht dem später kanonisierten Mainstream an, aber sie waren immer Teil der argumentativen Landschaft. Die Aufklärung hatte eben nie ein autoritatives Lehrbuch mit Glaubenssätzen zum Auswendiglernen; sie war und ist ein Phänomen, das sich nur durch seine Praxis begreifen lässt, eine Haltung.

9 **Verlässliches Wissen** Aufgeklärtes Denken beginnt aus einer Irritation und wird zum Projekt. Eine, vielleicht die beste Definition kommt von einem Autor, der mit dem Wort nichts hätte anfangen können. Der lateinische Dichter Horaz publizierte es im Jahr 20 v. u. Z.: *Dimidium facti, qui coepit, habet: sapere aude, / incipe:* »Wer begonnen

hat, hat die Hälfte schon geschafft: Wage es, weise zu sein, beginne!«

Dieses »Wage es, weise zu sein« ist eine unbeholfene Übersetzung des lateinischen *sapere aude*, das eigentlich »zu wissen/weise zu sein — wage es« bedeutet, »habe Mut, dich deines eigenen Verstandes zu bedienen«, wie der alte Kant es sehr schön übersetzte. Habe Mut — auch das kann ein ethisches Gebot sein, eine Ermutigung.

Horaz hatte einen guten Sinn dafür, dass kritisches Denken stets ein Wagnis ist, nicht nur, weil es selten auf Verständnis bei den Zeitgenossen trifft, sondern weil es das Risiko mit sich bringt, dass man zu Resultaten gelangt, zu denen man nicht gelangen wollte, zu Schlussfolgerungen, die alles infrage stellen, was einem heilig ist. So muss diese Art über die Welt nachzudenken auch zum Projekt werden, denn das einmal angefangene Wagnis entwickelt seine eigene Dynamik. Wer begonnen hat, hat die Hälfte schon geschafft, aber wie jede Reise hat auch sie ihren Preis.

10 **Die ungereinigte, radikalere Aufklärung** Das heißt zuerst einmal, dass diese Denker nicht nur Atheisten, sondern auch Materialisten (und häufig ins-

tinktive Revolutionäre) waren, zumindest aus heutiger Sicht, denn der radikalste von allen, der milde Baruch Spinoza, argumentierte majestätisch für die Existenz Gottes und schaffte ihn dabei ab.

Dies ist leider nicht der Ort, die ganze Landschaft der radikalen Aufklärung zu zeichnen. Jonathan Israel, aber auch der junge Michel Onfray haben jeweils mehrbändige Dokumentationen darüber geschrieben, jeweils mit unterschiedlichem Schwerpunkt. Die Debatten, die sie darstellen, waren von einer atemberaubenden Frechheit und einem stupenden Wagemut. Die Ideen und Argumente waren nicht alle von der gleichen Qualität, waren unterschiedlich in ihren Verständnishorizonten und ihren polemischen, rhetorischen und intellektuellen Meriten, aber sie richteten ihre Energien gegen die tragenden Säulen einer Meistererzählung, die bereits im Wanken begriffen war. Sie wollten mit den Lügen der Religion und des Aberglaubens aufräumen, die Natur aus der Natur heraus begreifen, der Vernunft zu ihrem Recht verhelfen sowie die Unterdrückung und Ignoranz ihrer Mitmenschen beenden. Das war in letzter Konsequenz immer revolutionär.

Nur eine Fußnote zur Fußnote: Natürlich ist »Atheismus« ein dämliches und tendenziöses Wort. Es definiert nur das, woran jemand nicht glaubt, und noch dazu in den Worten des Glaubens. Tatsächlich sind, wie oft gesagt wurde, alle Menschen Atheisten, was die meisten Götter betrifft; diejenigen, die so genannt werden, gehen nur einen Gott weiter als die anderen.

Atheismus ist philosophisch gesehen unsinnig, weil sich Gottes Nichtexistenz genauso wenig beweisen lässt wie seine Existenz, d.h. im strengen Sinne sind Atheisten eigentlich Agnostiker, also Menschen, die sich auf keine Position festlegen, weil beide Positionen (»es gibt Gott« und »es gibt Gott nicht«) gleichermaßen unbeweisbar sind. Aber nach diesem strikten Verständnis kann man nicht leben.

Atheismus hat eine gewisse Ähnlichkeit zu Solipsismus, der Idee also, dass die gesamte Welt nichts anderes ist als der Traum meines Geistes, dass nichts und niemand außerhalb von meinem Traum besteht. Von dem chinesischen Philosoph Zhuangzhu im 3. Jahrhundert v. u. Z. ist eine Parabel überliefert: Wie kann ein Mann, der träumte, er wäre ein Schmetterling, beim Aufwachen wissen, ob er nicht ein Schmetterling ist, der träumt, er wäre ein Mann?

Es ist einfach, aber nicht sinnvoll, so zu leben, als wäre die Welt ein Traum mit unsicheren Regeln, oder beseelt von unsichtbaren Wesen. Auch wenn diese Behauptung unbeweisbar bleibt, ist es sinnvoll, so zu leben, als würden die Naturgesetze wirklich in einer tatsächlichen Welt ihre Gültigkeit haben, und aus dem Weg zu springen, wenn ein Güterzug auf einen zurast. Es ist sinnvoll anzunehmen, dass mein Erleben kein Traum ist, dass mein Tod das tatsächliche Ende ist. Und es ist sinnvoll anzunehmen, dass Gott eine Fiktion ist, dass Gutes jetzt und in dieser Welt geschaffen werden muss, und dass das Schlimmste eine realistische Möglichkeit ist. Der Rest ist amüsant auf Partys, aber nicht wirklich wichtig.

11 **Ihr Potenzial für intellektuelle Klarheit nicht verloren** Vieles an diesen alten Debatten der Aufklärung ist längst obsolet, viele Fragen, die damals gestellt wurden, sind inzwischen Gegenstand naturwissenschaftlicher Erkenntnisse, aber die ursprünglichen Fragen sind noch immer nicht besser beantwortet, als sie es damals wurden. Aber das, der historische Teil, ist eine andere

Geschichte. Was hier wichtig ist, ist das Wort Aufklärung als Kürzel für eine viel reichere Debattenlandschaft, eine rebellische Ursprungsenergie, die sich besonders im 17. und 18. Jahrhundert bemerkbar machte.

12 **Freie Märkte** Ich bin noch nie einem freien Markt begegnet. Jeder funktionierende Markt braucht die Sicherheit eines Justizsystems, um seine Verträge und Besitztitel zu sichern, braucht Polizei, Gerichte und natürlich Parlamente, um die relevanten Gesetze zu erlassen, braucht Angestellte, die lesen, schreiben und rechnen können und auf öffentlichen Straßen fahren. Ein Markt ist verwoben in eine Gesellschaft und ihre Prioritäten, er hängt von der Gesellschaft ab und kann gleichzeitig eine erhebliche dynamische Energie, Innovation, Wohlstand und Diversität beitragen.

Freie Märkte, die alles wie durch Magie ins Gleichgewicht bringen und deshalb prinzipiell in Ruhe gelassen werden müssen, sind eine Erfindung moderner Theologen, die diese rein erfundenen Dinge im Himmel platzierten, wo ihnen Opfer dargebracht werden konnten, wo jedes noch so entfernte Donnergrollen von den Hohepriestern des wahren Glaubens als

Zeichen gedeutet wurde, bis völlig unverhofft ein Vulkan unter ihren Füßen ausbrach. Märkte brauchen die Freiheit, innovativ und dynamisch sein zu können, aber sie brauchen auch Regulierung, um nicht zu Monopolen und zerstörerisch zu werden, und sie sind immer schon Teil einer Gesellschaft, ohne deren Infrastruktur sie auf das Recht des Stärkeren reduziert wären. Wenn sie aber Teil von Gesellschaften sind, sollen die Gesellschaften auch entscheiden können, wie sie zum Wohl der Gesellschaft beitragen sollen und können.

Das ist alles schön und gut, sagt der Zyniker, aber während sie über Märkte philosophieren, haben die großen Demokratien der Welt sehr reale Macht an große Konzerne und Finanzmärkte abgegeben, massive Kapitalabwanderung und -akkumulation möglich gemacht, die Finanzmärkte aufgebläht und ihre eigene Souveränität fast abgeschafft, weil sie nicht einmal mehr ihr Steueraufkommen kontrollieren können und stark nicht von der eigenen Wirtschaft, sondern von globalen Börsenbewegungen abhängig sind. Während sie über Freiheiten reden und über Märkte als Teil der Gesellschaft, rennen die Märkte weg, Lobbyisten schreiben Gesetze, die Reichsten werden zu einer neuen Aristokratie und die fossile Industrie macht Rekordprofite. Herzlichen Dank für so viel Einsicht.

13 **Ewiger Fortschritt oder die Erlösung** Hier entsteht eine gewisse kulturrelativistische Versuchung, alle gesellschaftlichen Narrative über einen Kamm zu scheren, mit einem müden Winken in Richtung Jacques Derrida und seiner Jünger. Diese intellektuelle Wurstigkeit löst bei mir einen gewissen Juckreiz aus.

Alle Gesellschaften erzählen sich Geschichten über Ursprung, Tugend, Identität. Keine dieser Geschichten ist wahr in dem Sinn, dass sie alle Fakten neutral abbilden. Die Fakten sind zumeist unbekannt und Geschichten wählen immer aus, um dramatisch zu verdichten, und es geht bei einer Geschichte ja auch nicht um Fakten, sondern um Teilnahme. Obwohl aber alle Geschichten gleichermaßen unwahr sind, sind sie doch nicht gleichgültig, weil sie das Leben von Menschen unterschiedlich beeinflussen, und hier hört der Kulturrelativismus auf.

Sind alle moralischen Werte kulturell verankert, sind universelle Werte nichts als imperialistischer Overreach? Was ist gut?

Fangen wir am Anfang an. Die Abwesenheit von Hunger, von Krankheit und Kälte, von existenzieller Bedrohung, von Willkür und Verfolgung, von Angst und von Grausamkeit scheint sich im Allgemeinen positiv auf Mitglieder der Spezies auszuwirken. Das ist eine Mindestdefinition eines universellen Guten. Danach kommt die Verquickung mit kulturellen Faktoren: Tugend und Sexualität, Weiblichkeit und Männlichkeit, Reinheit, Scham oder Schande. Hier werden moralische Haltungen, Entscheidungen und Toleranzgrenzen kulturell subjektiver und können Ängste und Hoffnungen völlig anders aussehen lassen und der Idee von Gewalt eine andere Legitimität geben. Und dort verheddert man sich auch endgültig in postkolonialen und woken Geschichten der Demütigung und der Traumatisierung.

Bleiben wir also bei der verhältnismäßig unstrittigen Idee, dass gewisse Ausgangsvoraussetzungen wie ausreichende und saubere Ressourcen und Chancen, ein effektives Verständnis der natürlichen Welt und damit die Möglichkeit, sinnvoll in ihr zu handeln, ein Leben ohne Angst vor Verfolgung und Gewalt für die meisten Menschen erstrebenswert sind. Also ist die beste Garantie ein universelles Recht auf ein Leben ohne Angst vor Verfolgung, vor Gewalt, vor Enteignung. Das gibt auch zumindest ein grundlegendes Set von ergebnisorientierten Kriterien für Wert und Unwert einer moralischen Idee. Wenn eine Idee dazu führt, dass es offensichtlich mehr Grausamkeit, mehr Leiden, mehr Krankheit gibt, ist sie weniger gut.

Oft, vielleicht sogar meistens, ist es schwer bis unmöglich, zu einer klaren Antwort zu kommen, aber zumindest die Richtung einer Antwort ist erkennbar. Danach reden wir über kulturelle Präferenzen, Traditionen und Idiosynkrasien, über Patriarchat und kulturelle Verkrüppelung, aber da stehen wir alle auf unkontrollierbar auseinandertreibenden, langsam zerbrechenden Eisschollen im Ozean der Debatte.

14 **Einzigartigkeit** Um die geht es seltsamerweise immer. Ich habe auch nach Jahren akademischer Forschung über das Thema noch nie von einem Nationalisten gehört oder gelesen, der oder die von sich glauben würde, der zweit-wunderbarsten Nation der Welt anzugehören, keinen Rassisten, der seine Rasse für eine bedauerlicher-

Wenn eine Idee
dazu führt, dass es
offensichtlich
mehr Grausamkeit,
mehr Leiden,
mehr Krankheit gibt,
ist sie weniger gut.

weise minderwertige hält. Das funktioniert ähnlich wie die wundersame Tatsache, dass Menschen für gewöhnlich in die einzig wahre Religion und dann auch noch die einzig richtige Interpretation der heiligen Schriften hineingeboren wurden, während die meisten anderen das Pech haben, in falsche Religionen geboren zu werden. Offensichtlich ist es enorm wichtig für Menschen, zur besten aller Gruppen zu gehören, und wenn das sich nicht mit der Wirklichkeit auf der Straße in Einklang bringen lässt, dann muss ein Schuldiger dafür gefunden werden, dass die Realität darin versagt, der offenbarten Wahrheit zu entsprechen.

15 **Ein unvergleichliches Martyrium** Diese Tendenz führt zu einer paradoxen Situation. Es verlangt Menschen nach Distinktion und Legitimität, nach Freiheit und Sicherheit, nach Überlegenheit und Zugehörigkeit. All dies ist nur dank der Gruppe möglich, die Distinktion und Legitimität verleiht, Freiheit ermöglicht, Sicherheit bietet, Überlegenheit vorspiegelt und Zugehörigkeit verspricht. Die Geschichte der Gruppe ermöglicht und erschwert Identitäten und schreibt diese auch fest, was immer dann zum Problem wird, sobald sich die Umstände und

damit auf lange Sicht auch die Gegebenheiten von sozialen Identitäten verändern.

16 Unterdrückung Auch politisch mit am destruktivsten sind Opfererzählungen, und das übrigens individuelle wie kollektive.

Ein Opfer ist traumatisiert und bedarf besonderer Rücksichtnahme, die von ihm ausgehende Gewalt ist daher legitim, seine Verantwortlichkeit auf jeden Fall gemindert und durch das Trauma zu rechtfertigen. Das vergiftet jede Situation, in der mehrere Parteien sich (häufig ganz legitim) als Opfer begreifen, und es macht eine Lösung unmöglich. Und nein, das ist keine Negation erlittener Traumata, es ist nur eine Frage nach dem konstruktiven Umgang mit ihnen. Der Opferstatus infantilisiert seine Inhaber auch, denn ihnen wird noch Jahrzehnte oder Jahrhunderte später keine Souveränität über ihr moralisches Handeln zugesprochen. Sie können immer nur aus ihrem Trauma heraus reagieren und argumentieren und werden so auf ihre Rolle fixiert, dass es kaum noch ein Entkommen gibt für alle Beteiligten.

17 Wenn ihre Technologien sie überholen Das ist der Fall mit der Idee von der Unterwerfung der Natur. Über Jahrtausende war sie im Wesentlichen

harmlos, weil auch die größten Imperien nicht über die Technologien verfügten, um natürliche Systeme überregional auf lange Dauer zu beeinflussen, geschweige denn zu zerstören. Die Technologien, die durch fossile Brennstoffe möglich oder exponentiell effektiver wurden, wurden dann innerhalb von wenigen Jahrzehnten zur existenziellen Gefahr, weil die neue Macht noch immer mit der alten Geschichte einherging. Was aber früher harmloser Narzissmus gewesen war, wurde plötzlich zur tödlichen Bedrohung, doch die Idee der Unterwerfung verteidigte dadurch ihre Stellung als Meisternarrativ erst recht.

18 Die eigene Stimme als Echo hören Womit wir wieder im Supermarkt wären.

19 Ethos Danke, Michel Foucault. In seinem auf Kant antwortenden Vortrag *Qu'est-ce que les Lumières?* (»Was ist Aufklärung?«) entwirft Foucault die Haltung einer neuen Aufklärung und die Aufklärung als Haltung:

»... ich frage mich, ob man die Moderne nicht eher als eine Haltung ansehen könnte, anstatt als historische Periode. Mit Haltung meine ich eine Art Beziehung mit der Zeitgenossenschaft, eine freiwillige Wahl, die manche Menschen treffen, eine Art zu denken und zu fühlen, aber auch eine Art zu handeln und sich zu verhalten, die Gleichzeitigkeit eine Zugehörigkeit darstellt und sich als Aufgabe präsentiert. Das ist zweifellos dem ähnlich, was die Griechen ‚Ethos' genannt haben.« (Michel Foucault, *Qu'est-ce que les Lumières?*, in: *Dits et Ecrits*, tome IV, 1984, 562–578. Übers. PB)

Die Idee eines Ethos ist schlüsselhaft für ein Verständnis und für die Möglichkeit von aufgeklärtem Denken heute, denn es kann nicht darum gehen, noch irgendein Lehrgebäude zu errichten, eine Doktrin zu verkünden und eine ultimative Wahrheit zu verteidigen. Eine Haltung wird am besten körperlich verstanden. So begegnet man der Welt, so steht frau da. Diese Haltung hat keinen ultimativen Wahrheitsanspruch, aber sie ist allergisch gegen offensichtliche Lügen und gegen das gewisse warme Bauchgefühl, das manche Ideen mit sich bringen, und sie bleibt neugierig auf der Suche nach besseren Geschichten. Das ist eine sehr persönliche Weise, das Ethos der Aufklärung zu verstehen, aber sie ist dafür recht tragfähig.

20 **Die Ignoranz des Glaubens und die politische Unfreiheit** Die Ignoranz des Glaubens wurde und wird immer wieder erzwungen, aber sie hängt nicht an ir-

gendeiner bestimmten Religion oder an organisierter Gewalt. In einem übergeordneten Sinn glauben zu können scheint den Angehörigen unserer Spezies ein tiefes Bedürfnis zu sein, egal welche Form dieser Sinn nimmt (Nihilismus ist gewissermaßen ihr Negativ und spricht damit dieselbe Sprache). Dieser Sinn ist historisch der Sitz von Religion, von Mythos und von sozialen Haltungen. Er wird über Erzählungen tradiert, seine Werte und Prinzipien werden dramatisiert und in Personen und heroische Suchen gekleidet. So sind sie emotional eingängiger, von Göttern und Göttinnen bis hin zu Stars in Sport, Entertainment und Politik, die auch im Himmel angesiedelt sind und irdische Schlachten schlagen müssen. Die Rhetorik der Evolution kann großartig sein.

Jede dieser sinngebenden Geschichten resultiert in einer mentalen Landkarte und kommt mit ihren weißen Stellen. Aber das Glauben-Können ist in den meisten Fällen wichtiger als das Erklären-Können, und so ist die Ignoranz des Glaubens Teil des Handels, denn Glauben-Können bedeutet auch Ignoranz ertragen oder eben ignorieren. Danach kommt der Zweifel und mit ihm der faule Kompromiss, auf den sich das Gerüst der Glaubenswelt dann stützen muss. Eine ziemlich wackelige Angelegenheit.

21 **Es steht ungleich viel mehr auf dem Spiel** Aber hat das nicht jede Generation gesagt, dass das Ende der Welt bevorsteht, die Apokalypse droht und es diesmal anders ist? Ja, aber diesmal ist es anders. Zu keiner anderen Zeit bestand eine so große technologische Reichweite gepaart mit bronzezeitlichem Denken. Zu keiner anderen historisch und wissenschaftlich erforschbaren Periode hat eine Tierart natürliche Systeme derart überstrapaziert und damit innerhalb von Jahrzehnten — viel zu wenig Zeit, um das alles kulturell zu absorbieren — Kipppunkte erreicht und große Ökosysteme und Kreisläufe auf unabsehbare Zeit aus dem Lot gebracht. Dies ist keine religiöse Hysterie. Allein die Erderhitzung und die exponentielle Entwicklung der Künstlichen Intelligenz werden unsere Zivilisationen innerhalb von Jahrzehnten mehr verändern als bislang vorstellbar.

22 **Lebenslügen** Ein dramatisches Wort mit literarischem Beigeschmack. Es schafft ein Bild von einer Person, die zu viel in ihre Geschichte und ihre Fassade investiert hat, um das Offensichtliche zuzugeben. Sie lebt dafür, sich als Opfer

zu präsentieren, oder als ewig jung, noch mit allen Chancen ausgestattet, noch immer im Besitz der Macht, immer auf der richtigen Seite, eine von den Guten. Bis die Spannungen so unerträglich werden, dass die Fassade erste Risse bekommt.

23 Auszuhebeln Ja, das ist richtig. Aufklärerisches Denken ist ein Affront, eine Zumutung, ein Akt der Aggression gegen die soliden und funktionierenden Vorurteile der anständigen Mehrheit.

24 Bessere Geschichten vorschlagen Sind nicht alle Geschichten Lügen und umgekehrt? Das ist eine erstaunlich wichtige Frage, die ich zum Teil erst später beantworten kann. Hier nur so viel: Jede Geschichte interpretiert, verdichtet, dramatisiert, lässt aus, und viele Geschichten erfinden Teile der Wirklichkeit oder sogar ganze Universen. Das ist dann keine Lüge, wenn es zwar manipulativ, d. h. rhetorisch eingesetzt wird, weil diese Formgebung ein Publikum ja bewegen soll, aber eben als Geschichte, als ein gemeinsamer Vertrag, eine Verschwörung zwischen Erzähler:in und Publikum. Eine Lüge behauptet von sich, keine Geschichte zu sein. Eine Geschichte benützt Lügen, um menschlichen Wahrheiten näher zu kommen und kann

das nur erreichen, wenn sich der Erzähler mit dem Publikum verschwört, *»the willing suspension of disbelief«*, wie Samuel Taylor Coleridge es so elegant nannte, die freiwillige Aufgabe der eigenen Skepsis den vorgeblichen Wahrheiten gegenüber, denn nur diese Aufgabe erlaubt das Mitleben, das Erlebnis, die Teilnahme an der Geschichte als gelebte Erfahrung, auch und gerade wenn es deutlich ist, dass es sich um eine erfundene oder verdichtete Geschichte handelt und nicht um faktische Wahrheit.

3

Von der Autonomie

Wer über Aufklärung spricht, muss auch über Freiheit sprechen. Immer wieder wird heute von der Freiheit gesprochen, Freiheit gefordert, meistens im Zorn und sehr oft ohne die leiseste Ahnung, was damit gemeint ist. In ihrem Namen wird das Capitol in Washington gestürmt, für sie gehen Hunderttausende von Menschen gegen Impfungen auf die Straße, für sie kämpfen und sterben aber auch Menschen in der Ukraine, auf dem Tienanmen-Platz in Peking und im brasilianischen Regenwald. Gleichzeitig ist sie zum Slogan auf Kaffeetassen degeneriert: *Freedom is all things to all men.*[1]

Wer über Aufklärung spricht, muss auch über Freiheit sprechen, aber das ist fast unmöglich, weil das Wort in seinen Bedeutungen so zersplittert ist, dass keine Definition dieses Defizit mehr ausgleichen kann. Ist Freiheit das Recht, einfach zu tun, was ich will? Heißt es, dass mir niemand dreinreden kann? Und wie könnte so eine Idee bestehen, wenn schon die Existenz anderer Menschen bedeutet, dass ich meine Fähigkeit, nach Belieben zu tun und zu lassen, was ich will, einschränken muss, wie auch sie die ihre?[2] Und was bedeutet Freiheit überhaupt in einem materiellen und kausalen Universum?

Bei näherem Hinsehen wird dieser Begriff, der im 18. Jahrhundert so zentral für alles aufklärerische Denken war, im 21. Jahrhundert seltsam ausgehöhlt und zerrissen zwischen den Definitionen der Libertären, der Hegelianer, der Liberalen, der Neoliberalen, der Evolutionsanthropologinnen, der Nationalisten, der Postkolonialistinnen, der Quantenphysikerinnen, der Klimabewegung, der Faschisten — eine Chimäre, um die gepokert wird wie um Jagdrechte auf Einhörner.[3]

Politischer und unmittelbarer ist die Aushöhlung der Freiheit auch ein Zeichen von Ernüchterung, von Enttäuschung. Die Welt, die uns versprochen wurde, die Welt des ewigen Wachstums, des Wohlstands, der unbegrenzten Freiheiten, ist durch ein Szenario der ökologischen Katastrophe und ökonomischen Stagnation abgelöst worden, durch Krieg und existenzielle Bedrohung und, schlimmer noch, einen schlechten Geruch nach moralischer Verantwortlichkeit, der häufig als Aggression wahrgenommen wird.[4]

Um uns nicht an Nebenschauplätzen zu verirren, schlage ich vor, im Kontext einer neuen Aufklärung von Autonomie zu sprechen, ein bescheideneres und zugleich robusteres Wort. Wer autonom ist, ist nicht ganz unabhängig, nicht souverän. Was möglich ist und was nicht, hängt ab von Dingen, die außerhalb der Kontrolle sind: von Naturgesetzen und Glück, politischen Verhältnissen und historischen Zufällen. Innerhalb dieser Verstricktheit in Notwendigkeiten aber gibt es Möglichkeiten der Autonomie, die kultiviert und gestärkt werden können.[5]

Eine aufklärerische Haltung zielt auf Autonomie, und das zuerst im philosophischen Sinne und dann notwendigerweise auch als politisches Projekt.[6] Aber vielleicht muss sie heute auch weiter zielen: auf eine kognitive und existenzielle Resonanz[7] der Menschen mit ihrer natürlichen Umgebung und auf Unabhängigkeit von künstlichen Intelligenzen, die das begrenzte, biologische, ruhebedürftige, überforderte Hirn des Homo sapiens schon bald weit in den

Schatten stellen könnten. Diese Möglichkeiten von Autonomie zu stärken und dabei die neuronalen Trampelpfade von vergangenen Generationen zu verlassen — das wäre schon genug philosophische Arbeit, der sich eine neue Aufklärung widmen könnte.

Ohne Autonomie des Denkens kann es kein dynamisches Bild von der Welt geben, sondern die Bilder werden in Form von Religionen, Ideologien oder Brand-Images vorgegeben. Genau dagegen hat die erste Aufklärung sich gewendet. Heute zielt diese Kritik noch immer auf die Strukturen der herrschaftlichen Macht, die Menschen zurückhalten, klein halten, dumm halten, abhängig und unterworfen halten.[8]

Es geht um Autonomie, und damit wird es kompliziert, auch weil die Aufklärer zwar darüber diskutierten, ob Freiheit wirklich möglich ist[9], aber einfach nicht genug daran zweifelten, ob Menschen, wenn sie einmal genug zu essen haben, ihre Freiheit auch wirklich wollen[10], gerade jetzt, da die Erzählung der westlichen Gesellschaften in eine Todesspirale geraten ist.[11]

Über Jahrhunderte war das größte Problem derer, die mehr Autonomie des Denkens forderten, dass sie mit eiserner Faust unterdrückt wurden. Heute sind Autonomierechte zumindest im globalen Norden stärker gegeben als je zuvor und die potenziellen Freiräume enorm, aber sie werden nur zögerlich genutzt wie Parks, in die niemand gehen will. So bleibt den Furchtsamen nur noch die narzisstische Selbstbespiegelung auf der Oberfläche einander jagender Bilder und Trends, die Kontemplation des Älterwerdens.[12]

Diese Freiheitsverweigerung hat viele Formen und ist heute eine ebenso große Herausforderung wie die religiöse Verfolgung vor 300 Jahren. Sie reicht von einer selbstverliebten Leugnung aller unbequemen Fakten bis hin zum vollen Sektierertum, von einer erstaunlichen Verbreitung von haarsträubenden Verschwörungstheorien bis zum Rückzug ins Universum der persönlichen Befindlichkeiten. In allen Fällen wird die gefühlte Wahrheit einem analytischen Blick vorgezogen.[13]

Zu diesem Bild, das wir seit dem Anfang der dokumentierten Geschichte kennen, kommt etwas nie Dagewesenes: In zunehmendem und ungekanntem Maße werden die Räume der Autonomie bereits jetzt durch Künstliche Intelligenz begrenzt und formatiert.[14]

KI bestimmt und wird zunehmend bestimmen, was Menschen online sehen und wie sie die Welt um sich herum interpretieren. Sie arbeitet mit Mustern und Rhythmen und schafft Bilder, die mit hoher statistischer Wahrscheinlichkeit geeignet sind, Wahrnehmung und Verhalten der User:innen zu verändern, zu emotionalisieren, Aufmerksamkeit zu fesseln, zu belohnen oder Belohnungen vorzuenthalten — all das mehrere Stunden pro Tag bei Milliarden von Menschen, die nach Kriterien und mit Methoden beeinflusst werden, die anhand von Hunderttausenden von Proband:innen entwickelt und von selbstlernenden Systemen perfektioniert werden, die kein einziger Mensch mehr kontrolliert oder auch nur durchschaut.

Maschinen trainieren Menschen zu maschinenkonformem Verhalten und nutzen dafür die Lust- und Belohnungsmechanismen des Eidechsenhirns, direkt am Großhirn vorbei. Das ist qualitativ anders und tiefgreifender als die Manipulation durch vergangene Technologien, von Kirchenmalereien über den Buchdruck bis hin zum Fernsehen. Wir hören viel darüber, wie sehr neue Technologien Individuen emanzipieren, effektiver, kreativer, glücklicher machen, aber wir haben noch nicht begriffen, wie grundlegend der unaufhaltsame Siegeszug der Künstlichen Intelligenz und der Sozialen Medien die Möglichkeiten der menschlichen Autonomie schon jetzt beschneidet und formt,[15] Informationsräume wie Büsche in einem französischen Garten bedarfsweise zum Pudel oder zum Schaf frisiert. Unter den ersten Opfern der KI-Revolution wird die menschliche Beziehung zur Realität sein und damit auch die Möglichkeit einer inhaltsvollen Autonomie.[16]

Die Suche nach dem Ausgang aus der eigenen Unmündigkeit und nach der Autonomie des Denkens ist widerständig[17] in einer Zeit, in der digitale Technologien Wahrnehmungen kontrollieren, gesellschaftliche

Debatten durch Medienblasen ersetzt werden, in der eine neue Aristokratie von Superreichen[18] demokratische Ordnungen fast nach Belieben verändert oder umgeht. Die Suche nach Autonomie und neuen Formen der Demokratie ist widerständig, weil enorm viel demokratische Macht an gigantische Korporationen und Oligarchen übertragen wurde, die über Spenden an Parteien, durch Stiftungen und zivilgesellschaftliche Institutionen, Lobbys und direkte Bestechung demokratische Prozesse mit der Macht ihrer finanziellen Mittel gefügig machen.[19]

Die Suche nach intellektueller und politischer Orientierung ist widerständig, wenn die Tiefe der Zeit völlig aus der Alltagskultur verschwindet,[20] Kinderträume in den Bahnen urheberrechtlich geschützter Fabeln mit eigenem Merchandise ablaufen,[21] in der immer mehr potenzielle Wähler:innen das Vertrauen in die Demokratie verlieren[22] und jede Idee von Wahrheit oder Fakten längst zwischen den Lügen der Medien, der Politik und von Social Media zerrieben wurde.[23]

In einer solchen Situation heißt es mutig denken. Freiheitsräume müssen geschaffen werden, offen gehalten werden wie Löcher im Eis. Die allgegenwärtige Annahme der Normalität sagt, dass alles so ist, wie es ist, weil es eben so sein muss, weil es nie anders gewesen ist oder immer nur schlechter, weil dies die beste aller Welten ist. Das ist die vielleicht größte intellektuelle Falle.

Wenn die Fantasie ihre noch nicht völlig kolonisierten Freiräume entdeckt, beginnt sie die Welt unter dem Aspekt der Möglichkeit zu sehen.[24] Was mich umgibt, könnte auch anders sein, menschlicher, weniger grausam, sinnvoller. Um diese Entdeckung zu ermöglichen, müssen Denkräume offen gehalten werden. Das ist eine Dauertätigkeit, vergleichbar mit Enten, die im Winter unablässig in ihrem Wasserloch paddeln, damit es nicht zufriert und sie von ihrer Nahrung abschneidet. Durch das mühsam freigepaddelte Loch in der harten Oberfläche der sogenannten Wirklichkeit kann die Imagination neue Gefühle einüben.

So wird luzides Denken auch zu dem Versuch, andere Möglichkeiten des Bestehens zu kultivieren, zuzulassen, mit ihnen zu spielen, sie auszuprobieren, eine tägliche Praxis, ein Handwerk des geistigen Überlebens, ein Labor für Geschichten und Lebensentwürfe, der Anfang aller Autonomie.[25]

Um diese Autonomie zu ermöglichen, ist es unerlässlich, Romane und Cartoons zu lesen, Filme zu sehen, ins Theater zu gehen, Geschichten zu schreiben und zu zeichnen, lange Spaziergänge zu machen, ins Leere zu starren, Selbstgespräche zu führen, zu reisen, Musik zu hören und Sonnenuntergänge zu bewundern. Um so etwas wie Freiheit zu ermöglichen, ist es entscheidend, Träume zu haben, Zeit, Mühe und Schmerz in eine Leidenschaft zu investieren; es ist überlebenswichtig, Schönheit zu kultivieren und Kindern Geschichten zu erzählen, die nicht von multinationalen Korporationen entführt und verstümmelt wurden, selbst neue und andere Wirklichkeiten zu erkunden, zu erdenken und zu bewohnen.

Freiheit muss geübt werden, wie der aufrechte Gang. Die Muskeln müssen stark und dehnbar werden, die Erfahrung eingeübt,

der Gleichgewichtssinn geschult, gerade in einer Zeit, deren Technologien die Autonomie des Individuums effektiver kolonisieren denn je.

1 *Freedom is all things to all men* Meinungen sind wie Kleider. Man trägt sie nicht, weil sie wahr sind, weil sie irgendwie objektiv richtig sind, sondern weil sie einen warm halten, einen nicht nackt dastehen lassen, weil man mit ihnen gut aussehen will, und gleichzeitig wie alle anderen in der Gruppe. Wer zu einer Peergroup gehört, trägt ähnliche Kleider und teilt ähnliche Meinungen. Das ist in der liberalen Mittelklasse nicht anders als in ländlichen religiösen Sekten oder bei Sport-Fans. Kleider und Meinungen unterscheiden gewissermaßen unisono die Stämme mit erstaunlicher statistischer Wahrscheinlichkeit. Ein kurzer Aufenthalt in einem Fußballstadion, einem Opern-Foyer, einer Shopping Mall, einer Vernissage oder auf einem Kreuzfahrtschiff bietet überbordend reiches Material für spontane Bestätigung und weitere Forschung.

Meinungen sind
wie Kleider.
Man trägt sie
nicht, weil sie wahr
sind, sondern
weil sie einen warm
halten, einen nicht
nackt dastehen lassen,
weil man mit ihnen
gut aussehen will,
und gleichzeitig wie
alle anderen in der
Gruppe.

Diese Beobachtung hat ihre Konsequenzen, denn heute ist Ignoranz, die Unmündigkeit, über die Kant schrieb, schwerer zu entschuldigen, zumindest wenn man mit demselben Personal noch an eine Demokratie glauben will: Entweder sind Menschen eigenverantwortlich, informiert und fähig, mündig zu Entscheidungen zu kommen, oder sie sind es nicht, oder nur sehr begrenzt. Dann ist die beste Hoffnung auf eine gute Gesellschaft eine gnädige Elite, ein weiser Diktator, oder in naher Zukunft Künstliche Intelligenz.

Aber vielleicht ist es gar nicht hilfreich, diese Frage als moralisches Problem zu konstruieren. Vielleicht reicht es zu sagen, dass aufklärerisches Denken von einem empirischen, verifizierbaren Erkenntnisbegriff ausgeht (oder von vielen, die jeweils eigene Schulen bilden, aber das führt zu weit). Diese Betonung von Tatsachen, Theorien und Indizien, die sich überprüfen und objektivieren lassen, führt dazu, auch die Geschichten einer Gesellschaft nach jenen Kriterien abzuklopfen, weil Geschichten nicht nur Heimat, sondern auch Gefängnis eines kollektiven Bewusstseins sein können und schon deswegen immer wieder untersucht und herausgefordert werden müssen. Damit wird es politisch, denn die Mächtigen haben in die kollektive Geschichte investiert und werden von ihr auf ihrem Platz gehalten. Kein Nachdenken über solche Erzählungen ohne politische Dimension, ohne Machtfrage, siehe Foucault. Bleiben wir also vorläufig bei dieser Definition. Das schmerzt etwas, aber heute philosophisch zu denken heißt eben auch, die eigene Vorläufigkeit ertragen zu lernen.

2 Wie auch sie die ihre An diese Frage hängt sich ein ganzer Rattenschwanz, der bis in die tiefste Theologie reicht, besonders da Freiheit nicht ohne freien Willen denkbar ist. Aber ist Willensfreiheit möglich in einem Universum, in dem Gott alles geschaffen hat und alles weiß? Und ist sie in einem materiellen Universum möglich, in dem alles kausal erklärt werden kann, wenn nur genug Information vorhanden ist? Kann nur eine Handlung ohne Eigeninteresse wirklich frei sein und ist so eine Handlung überhaupt denkbar? Kann Freiheit anerzogen werden oder gibt es zumindest Freiheitsmomente in ansonsten großteils determinierten Leben? Philosophinnen und Physiker haben auf die Quantentheorie zurückgegriffen, um

noch etwas Freiheit in einem sonst ganz vorbestimmten Universum zu finden, oder sich auf die Nature-nurture-Debatte gestürzt, um Möglichkeiten der Selbstbestimmtheit zu argumentieren und damit auch die Moral zu retten, doch die Frage nach der Freiheit ist noch immer offen. Trotzdem leben wir, als würde es den freien Willen geben. Justizsysteme und Gesetze glauben an ihn, sonst könnte niemand bestraft werden, aber gleichzeitig ist die demografische Zusammensetzung der Gefängnisse so eindeutig ein Resultat ungleich verteilter Chancen, dass die Idee der Willensfreiheit schon an dieser einfachen Tatsache zerbrechen müsste.

3 **Jagdrechte auf Einhörner** Das Argument der Klimabewegung, dass eine katastrophale Verschlechterung der natürlichen Umgebung eine radikale Beschränkung der Freiheiten aller Erdbewohner:innen bedeutet, ist völlig richtig, weist aber auch auf ein zentrales Problem des Freiheitsbegriffs hin: Es gibt eben keine Freiheit von der natürlichen Umgebung, den Lebensgrundlagen, den biologischen Rhythmen, der Schwerkraft. Und davon auszugehen, dass der menschliche Geist — ein Aspekt seiner körperlichen Existenz — sich von diesen Zusammenhängen

ganz lossagen könnte, ist nicht nur gewagt, sondern auch nicht besonders sinnvoll. Wie innerhalb von so viel dichtem und tiefem Kontext, innerhalb der Metaphorik und Grammatik der eigenen Kultur immer wieder so etwas wie Kreativität, Witz, ein neuer Blickwinkel oder eine Einsicht möglich wird, ist ein sich täglich millionenfach vollziehendes unerklärbares Wunder.

4 **Als Aggression wahrgenommen wird** Bruno Latour schreibt darüber sehr pointiert in seiner Ausstellung *Critical Zones*:

»Diese Krise der kosmischen und gesellschaftlichen Zusammenhänge bewirkt eine Desorientierung des Menschen. Wer sich kürzlich noch auf die Versprechen der Globalisierung und des unbegrenzten Wachstums verließ, erkennt nun plötzlich, dass es keine Erde gibt, die sich mit den Versprechen der Globalisierung vereinbaren lässt. Jetzt tritt die krasse Diskrepanz zwischen dem Horizont des Globus und der Realität des Planeten Erde zutage. Viele von uns sind verwirrt, fühlen sich abgehängt, gefangen, betrogen. Es scheint, als wüssten wir nicht mehr, an welchem Ort und in welchem Zeitalter wir eigentlich leben und welche Rolle wir als Menschen wahrnehmen sollten.«

https://zkm.de/de/bruno-latour-ueber-critical-zones

5 **Möglichkeiten der Autonomie, die kultiviert und gestärkt werden können** Vorsicht übrigens mit der Autonomie. Sie kostet etwas. Dass diese Möglichkeiten zur Autonomie auch in liberalen Gesellschaften häufig im doppelten Sinne nicht wahrgenommen werden, lässt auf eine instinktive Klugheit der menschlichen Psyche schließen. Es macht weder individuell glücklicher noch sozial beliebter oder besser abgesichert und vernetzt, die eigene philosophische Autonomie zu suchen, denn das entfernt notwendigerweise auch von den geteilten Ansichten, auf denen das Leben der Gemeinschaft beruht. Warum also sich so etwas antun, wenn die geteilten Ansichten reichen, um die Welt zu erklären, ein warmes Gefühl der Zusammengehörigkeit und der geteilten Wut, Ängste und Hoffnungen zu erzeugen? Die Teilnahme an einer gemeinsamen Geschichte ist psychologisch überlebenswichtig für diese Primatenart. Sich auch nur potenziell außerhalb der Geschichte zu stellen, birgt stets ein Risiko. Es ist auch nicht immer heroisch, nicht jede Exzentrikerin ist eine Prophetin und nicht jeder Egoist eine historische Figur, aber Gesellschaften scharen sich um starke Erzähler.

Das allerdings macht die Aufklärung auch zu einer Zumutung. Emanzipation heißt eigentlich Entlassung aus der Abhängigkeit eines Sklaven oder eines Sohnes, ein Begriff aus dem römischen Recht. Als diese Hörigkeit einem degenerierten Grafen und einem versoffenen Priester gegenüber noch augenfällig und alltäglich war, war die Emanzipation eine einfache Sehnsucht. Heute aber, wo Menschen in demokratischen Gesellschaften mit bestimmten Rechten gesegnet sind, ist sie komplizierter geworden. Wer aus einer Abhängigkeit entlassen wird, findet sich in einer neuen, unvertrauten Position und Umgebung, muss sich eigene Gesetze geben, eine eigene Identität verantworten und für die eigenen Handlungen und Haltungen einstehen. Das ist schwierig, und es ist lästig. Es ist aber besonders lästig in einer Gesellschaft, die ihren Mitgliedern seit beinahe sechs Jahrzehnten einbläut, dass sie als Konsument:innen alle Rechte haben und nur eine einzige Pflicht, nämlich die, Zugang zu Kredit zu haben. Wer zahlt, schafft an. Dann ist alles von Garantien gedeckt und die Verantwortung liegt immer woanders. Das ist nur schwer mit einer Idee wie Emanzipation zu vereinbaren, oder mit der Idee von Eigenverantwortlichkeit, oder von Demokratie, aber so unterscheiden sich Bürger:innen und Konsument:innen voneinander.

7 Resonanz Hartmut Rosas elegantes Konzept der Resonanz als einer gelungenen Weltbeziehung und dementsprechend auch der dissonanten oder überhaupt nicht widerhallenden Abhängigkeiten schlägt eine Brücke zur Musik und, um genauer zu sein, zur musikalischen Technik. Jede Musikerin und jeder Musiker ringt um Resonanz und findet, dass sie einerseits in einer professionellen Technik der Kommunikation und der Beherrschung des Handwerks liegt, die durch Arbeit verbessert werden können, und andererseits in einem Moment des Vertrauens in den Moment, der nach so vielen Jahrzehnten des Übens einen kleinen Raum der Freiheit öffnet, in dem eine Resonanz zwischen Ausführenden, Publikum und musikalischen Erlebnissen möglich und erlebbar wird — das charismatische Erlebnis eben, das Menschen in Konzerte treibt, Teil eines Ganzen zu sein, miteinander durch den Himmel intensiver Emotionen zu fliegen wie ein ekstatischer Schwarm von Staren. Das dürfte eine anthropologische

Konstante sein. Für das luzide Denken ist diese Art von spiritueller Orgie auch eine Gefahr, eine faszinierende Seite des Menschseins, der man oder frau sich am besten mit einer Pinzette nähert, oder gar nicht — oder als dionysisch teilnehmende Beobachterin, mit allen Konsequenzen für Sicherheit und Solidität von Weltbild und Leben.

8 **Abhängig und unterworfen halten** Es ist ziemlich einfach, das für Diktaturen festzustellen. Viel interessanter ist hier aber das Spiel der Gegenseitigkeit von Macht und Ohnmacht. Freiheit wird nicht nur nach Hegel freiwillig aufgegeben, um das Gewaltmonopol eines Staates und damit neue Freiheitsmöglichkeiten zu schaffen. Freiheit des moralischen Verstehens wird besonders gerne an Kollektive delegiert, weil das Leben damit leichter wird. So entstehen Strukturen, die bestimmten Instanzen und Individuen zuerst Macht übertragen und dann auch Sinn verleihen, eine Aura, die stark religiöse Züge hat.

In Neapel erscheinen Bilder des Fußballstars Diego Maradona auf Straßenaltären neben dem Gekreuzigten, der Jungfrau Maria und verschiedenen Heiligen, ein Beweis dafür, dass die Heiligen der Moderne Teil derselben religiösen Logik sind.

Der viel zu jung gestorbene Étienne de la Boëtie, der Freund und Liebhaber des großen Renaissance-Denkers Michel de Montaigne, hinterließ ein Büchlein mit dem schlichten Namen *Freiwillige Knechtschaft*, in dem er mit der Einfachheit und Luzidität eines großen Philosophen die Natur der Macht analysiert. Macht gibt es eigentlich gar nicht, sagt er. Sie hat keine objektive Basis. Sie besteht nur darin, dass sie verliehen wird, dass eine Gruppe sich entscheidet, sie in ein bestimmtes Paar Hände zu legen. Wenn die Gruppe diese Entscheidung zurückzieht, dann erstickt die Macht wie ein Feuer, das kein neues Holz bekommt, schreibt er. Gibt ein Diktator den Befehl, einen Krieg anzufangen oder einen seiner Generäle sofort zu erschießen und keiner der Umstehenden, die seine Uniform tragen, rührt einen Finger, dann ist er nur noch ein tobender kleiner Mann mit einer schlechten Überkämmfrisur. Seine Macht ist plötzlich versiegt — und sein Leben verwirkt.

Mächtige brauchen nicht nur die Approbation und den Glauben ihrer Untertanen, die Untertanen müssen diese auch geben, um dadurch

Protektion zu bekommen, ein Abendessen, einen Job, eine Uniform, ein bisschen Macht, ein Wochenendhaus oder einen Lebenssinn. Dieser Prozess der gegenseitigen Ermächtigung ist auch in liberalen Gesellschaften zu beobachten, in denen viele identitätsstiftende Geschichten nicht nur ererbt, sondern auch erworben sind, und das nicht nur mit Geld, sondern auch mit Lebenserfahrung. Auch hier besteht die Tendenz, die Bürde der eigenen Verantwortung und der Verstricktheit in historische und politische Ungerechtigkeiten an zentrale Akteure abzugeben, moralische Überlegenheit und Bequemlichkeit um den Preis der mündigen Entscheidungen. Beide Parteien leben ausgezeichnet durch diesen Handel, leider auf Kosten von anderen, deren Stimmen in dieser Geschichte nicht vorkommen.

9 Ob Freiheit wirklich möglich ist Vielleicht ist die einzig wirklich existierende Freiheit die, sich die eigenen Grenzen zu wählen. Vorsicht vor Zynikern, die behaupten, es ginge nur darum, die eigene Zellenwand zu dekorieren.

10 Freiheit auch wirklich wollen Das ist bekanntlich die Position des Großinquisitors in Dostojewskis *Die Brüder Karamasow*, der überzeugt ist, dass

Vielleicht ist
die einzig
wirklich existierende
Freiheit die, sich die
eigenen Grenzen zu
wählen.
Vorsicht vor Zynikern,
die behaupten,
es ginge nur
darum, die eigene
Zellenwand
zu dekorieren.

Menschen von der Zumutung der Freiheit überfordert wären. Es ist auch die ultimative Nestbeschmutzung im Kontext des *bien pensant* liberalen Denkens. Aber man muss hierzu keine Meinung mehr haben, es lässt sich längst durch Daten belegen.

Auch dort, wo geradezu unendlich viel Wissen zur Verfügung steht (manchmal gerade dort), ziehen sich Menschen in Gefühle und Stämme zurück und finden Möglichkeiten, das Wissen der anderen zu diskreditieren und zu ignorieren. In den USA, wo individualisierte Wähler:innen-Analysen besonders weit fortgeschritten sind, kann man schon anhand der Postleitzahl mit großer Wahrscheinlichkeit viel über die betreffenden Menschen sagen, vom Einkommen über die Marke des Autos, das sie fahren, den Geschmack der Inneneinrichtung, die bevorzugten Marken, die religiösen Überzeugungen, Einstellungen zu Schlüsselfragen wie Abtreibung und Homosexualität, den Geschmack in Kunst und Streaming-Serien, den Vornamen der Kinder und natürlich das Wahlverhalten. Der Herdentrieb scheint häufig mindestens so stark zu sein wie das Begehren nach Erkenntnis und ewigen Wahrheiten.

Die aufklärerische Frömmigkeit besteht darauf, dass Menschen vernünftig sind, ihre Freiheit wollen und bereit sind, die damit einhergehenden Pflichten (zum Beispiel die, sich zu informieren) ernst zu nehmen. Aber wenig deutet in der Praxis darauf hin, dass dies auch der Fall ist. Heißt das also übrigens, dass Demokratie unmöglich ist? Nein, aber es heißt, dass sie einerseits Theater ist, aber andererseits auch eine notwendige Fiktion, ein immer aufs Neue erzähltes Ziel, denn die Geschichten, die eine Gesellschaft sich erzählt, sollen ja die Wirklichkeit nicht nur reflektieren, sondern auch ein Mittel sein, um die Wirklichkeit besser und menschlicher zu machen.

11 **In eine Todesspirale geraten ist** Noch eine große Behauptung, diese Todesspirale. Sie betrifft besonders die Gesellschaften, die abwechselnd als »globaler Norden« oder »der Westen« bezeichnet werden, womit eine Kultur gemeint ist, die nicht nur historisch durch Kolonialismus, Imperialismus und Patriarchat geglänzt hat, sondern auch durch die Idee, dass Menschen und ihre Zivilisation nicht Teil der Natur sind, dass für sie andere Gesetze gelten, dass der Fortschritt niemals enden wird.

Als ich ein Kind war, im provinziellen Deutschland der 1970er- und 1980er-Jahre, lernte ich, dass wir wohlhabender waren und in besseren Umständen lebten als Menschen anderswo, weil unsere Werte besser waren, weil wir zentrale zivilisatorische Tugenden beachteten, pünktlich waren, ehrlich und fleißig — und die anderen eben nicht, oder weniger als wir. Es ging uns besser, weil unsere liberalen Werte besser waren. Es gibt erwachsene, theoretisch aufgeblasene Pendants zu dieser Kindersicht, aber darauf reduziert sich eine ganze Denkschule.

Dass die Länder des Westens über Jahrhunderte andere ausbeuteten und beraubten und im großen Stil natürliche Ressourcen ausbeuteten und Lebensräume zerstörten, dass im Namen dieser Ideale Menschen geschlachtet und Kulturen vernichtet wurden, kam in dieser Version der Dinge einfach nicht vor. Das ist eine Säule der zusammenbrechenden Erzählung der Liberalismus. Das ist eine tragische historische Ironie, denn das große *mea culpa* des Westens droht zu verdecken, dass dies nur die Schattenseite einer großen Geschichte ist. Kein Schatten ohne Licht.

12 Älterwerden Das übrigens bringt die Länder und Bevölkerungen des globalen Nordens in einen existenziellen Gegensatz der Perspektiven zu vielen Gesellschaften des globalen Südens. In einem Land wie Nigeria waren 2010 50 % der Bevölkerung unter 15 Jahre alt, während nur 2,6 % über 65 waren. In den Niederlanden waren es 16 % unter 15 und 20 % über 65. Das ändert nationale Debatten, politische Prioritäten, kollektive Geschichten.

13 Einem analytischen Blick vorgezogen Im Prinzip sind wir alle bereit, den größten Blödsinn zu glauben, wenn das uns nur ein warmes Bauchgefühl gibt, das Gefühl dazuzugehören, auf der richtigen Seite zu stehen, moralisch erhaben zu sein, rein zu sein, an einem großen Sinn teilzunehmen. Es ist eine lebenslange Sisyphos-Aufgabe, sich gegen diese Verführung zu stemmen. Sich kollektiv von solchen Mythen zu befreien, grenzt ans Unmögliche, zumal eine gescheiterte Geschichte ein Vakuum hinterlässt, das bald von einer anderen gefüllt wird.

14 Durch Künstliche Intelligenz begrenzt und formatiert Die gewissermaßen altmodische Unterdrückung durch Kirche und Adel, durch religiöse Dogmen und nackte Gewalt ist leichter zu durchschauen

und in vielen Regionen der Welt noch immer brutale Wirklichkeit. Sie wurde schön in der ersten Aufklärung analysiert und bekämpft, und dieser Kampf geht weiter. Für die Gesellschaften der reichen Welt aber sind besonders durch neue Technologien ganz neue Möglichkeiten der Kontrolle und der Hörigkeit entstanden, die auf lange Sicht noch gefährlicher sind.

15 **Beschneidet und formt** Es gibt auch viele Gebiete, auf denen KI die menschliche Freiheit stärken kann, beispielsweise in der Entwicklung neuer und personalisierter Therapien oder im Finden von bislang übersehenen Lösungen in der Forschung, vielleicht auch im Hinblick auf die Klimakrise. Auch das heißt aber, dass die Lösung der Maschine, also die Denkleistung, nicht nur die Ausführung einer Aufgabe, die menschlichen Fähigkeiten übersteigt und eine Abhängigkeit entsteht, ein Erodieren von Kompetenzen und Eigenverantwortlichkeit gegenüber der magischen Black Box. Wenn menschliche Kompetenzen nicht mehr mit KI-Systemen konkurrieren können, wird die Künstliche Intelligenz zum Orakel, dessen Weissagungen Priester interpretieren, die aber niemand mehr versteht. Dieses Orakel kann

dann nicht nur Therapien und Forschungsfragen verändern, sondern auch soziales Verhalten und Wahrnehmung im digitalen Raum und bis in menschliche Körper und Psychen, die den Ratschlüssen des Orakels folgen und immer unselbstständiger und weniger herausgefordert werden, während das System weiter lernt und wächst.

16 Inhaltsvollen Autonomie Schon jetzt ziehen private Arbeitgeber:innen, Finanzmärkte, Geheimdienste, Gesundheitssysteme, Polizeiapparate und Gerichte die gelenkte Unfreiheit der Künstlichen Intelligenz dem menschlichen Urteil vor. Eines nicht zu fernen Tages könnten auch Sozialpolitik, Erziehung und Gesundheit, Sicherheit, Klimapolitik und ökonomische Planung der überlegenen Intelligenz überlassen werden — die Vollendung des Autoritarismus, der schon immer in gewissen Vordenkern der Aufklärung sein Unwesen getrieben hat, und gleichzeitig das Ende der Aufklärung. Vielleicht würde es zu messbar besseren Resultaten führen, zu höheren Lebenserwartungen, besseren Abschlüssen, weniger Selbstmorden, weniger Scheidungen, weniger Verbrechen, also etwa wie in China heute.

17 **Widerständig** Ist das nicht wahnsinnig eitel und geradezu pubertär, sich selbst als widerständig zu titulieren, vom Schreibtisch aus?

A Sie meinen à la *Wake up, Sheeple*? Na ja, was soll Aufklärung sonst fordern?

B Und Widerstand gegen wen? Gegen die da oben?

A Natürlich nicht. Es geht darum, die Nebelbomben zu stoppen, die wir ständig selbst werfen.

B Und was ist daran widerständig?

A Der Nebel hat seine Funktion in der Gesellschaft. Die Tatsache, dass der Nebel einen davon befreit, weiter sehen zu müssen, als man will, und dass sich eine weiße Nebelwand hervorragend als Projektionsfläche für bunte Bilder eignet. Dann sieht es fast genau wie die Wirklichkeit aus. Anstatt der geschundenen Landschaft, die vom Nebel bedeckt wird, sieht man nur die idyllische Welt, die von einer ganzen Industrie erdacht und erlogen wird.

B Sehr poetisch. Aber das ist noch kein Widerstand!

A Der fängt auch gerade erst an. Man macht sich nicht unbedingt beliebt, wenn man den Nebel auflöst. Und um die eigene Aufmerksamkeit zu schärfen, bedarf es einer Art von Disziplin, die den Bildern etwas entgegenstellt, nämlich eine dauernde Konfrontation mit sich selbst, den eigenen Grenzen, der körperlichen Wirklichkeit, der Lust, den existenziellen Extremen, einer Frage nach Sinn.

B Eine Disziplin? Das klingt ja gruselig …

A Weil Sie nichts verstehen wollen! Nicht Denken in Reih' und Glied. Die Disziplin ist gerade das, was einen mit der Erfahrung, mit dem Land jenseits des Nebels verbindet, mit einer täglichen Praxis, der täglichen Erfahrung und Erweiterung der eigenen Grenzen.

B Der Philosoph als buddhistischer Mönch?

A Mit Ihnen kann man nicht ernsthaft reden.

B Dann ernsthaft: widerständig?

A Wenn so viele Ressourcen darein investiert werden, den Blick der Gläubigen auf ein Evangelium zu fesseln, ist es immer ketzerisch, nach der Wahrheit dahinter zu fragen.

B Sie flirten mit dem Scheiterhaufen?

A Nein, eine ganze Zivilisation flirtet damit, ein Feuer der Eitelkeiten.

B Sie Moralist.

A Ich sag's doch: Mit Ihnen kann man nicht ernsthaft reden.

18 **Aristokratie von Superreichen** Ja, es gibt sie wirklich, und ja, sie ist neu. Der Reichtum der Reichsten ist im globalen Norden enorm gestiegen, während das Einkommen der Mittelklasse oder der Armen in den letzten Jahrzehnten zurückgegangen ist. Siehe Thomas Piketty.

19 **Gefügig machen** Als intellektuell arbeitender Mensch ohne festes Gehalt arbeite auch ich mit Stiftungen und anderen zivilgesellschaftlichen Institutionen zusammen, die durch private Geldgeber:innen finanziert werden. Das ist das Mäzenatentum unserer Epoche. Es wäre besser, wenn private Akteur:innen und ihr Geld auf allen Seiten nicht so stark in die politische und soziale Meinungsbildung, die Medien und die Schwerpunkte von Forschung eingreifen könnten. Da es nun einmal so ist, muss frau und muss man eine Seite wählen: offene oder geschlossene Gesellschaften, ökologischer Suizid oder nicht? So einfach.

20 **Aus der Alltagskultur verschwindet** Es ist fraglich, welche Folgen das hat. Die Produkt- und Bilderflut der Konsumgesellschaft lässt nicht aggressiv vermarktete Kontinuitäten verschwinden und ersetzt das eigene, oft unbequeme Erbe der Vergangenheit mit Souvenirläden und von allen

Warzen und Unvollkommenheiten bereinigten, völlig sterilen und hypoallergenen Heldenepen. Dabei ist das, was an Geschichte wichtig ist, gerade das moralisch Inkommensurable, das immer wieder dazu zwingt, nicht nur die Narrative der Vergangenheit, sondern auch die eigenen Werte, Aggressionen und Ängste mit schwierigen Tatsachen zu konfrontieren.

Natürlich ist kritisches Wissen über Geschichte kaum mehr als zwei Jahrhunderte alt und niemals objektiv, aber auch ohne systematisches Wissen bot die Lebenserfahrung vorindustrieller Gesellschaften einen Sinn von Kontinuität zwischen Generationen und innerhalb von Gesellschaften, oder diesen Gesellschaften und ihrer natürlichen Umgebung. Diese Kontinuität war nicht idyllisch, wie immer wieder romantisierend angenommen wird, aber sie bildete eine Grundvoraussetzung des Nachdenkens über die Welt. Das schuf Identitäten, die nicht von Konsumentscheidungen abhingen. Eine erstaunliche Idee.

21 **Mit eigenem Merchandise ablaufen** Kinder werden heute in Konsumströme und Produktpaletten hineingeboren, so wie sie in Familien hineingeboren werden. Ihre Fantasie wird von Anfang

an von corporate giants bespielt und kolonisiert. Jede Kindergeschichte kommt mit eigenen Möglichkeiten zum Geldausgeben innerhalb des Brands. Das beeinflusst, was Kindern erzählt wird und wie es erzählt werden kann. Das formatiert die Geschichten und ihr kleines Publikum, denn die Narrative der Kindheit sind die erste und tiefste Landkarte, die so nach kommerziellen Kriterien geformt wird, und ein ganzer Zugang zur Welt.

22 Vertrauen in Demokratie verlieren Und was ist so besonders an der Demokratie? Als ich ein junger Journalist war, hatte ich einmal die Gelegenheit, Tony Benn zu interviewen, einen legendären Abgeordneten der Labour Party, der seinen Adelstitel aufgegeben hatte, um im House of Commons sozialistische Politik zu machen. »Wissen Sie, was wichtig ist an der Demokratie?«, fragte er mich unvermittelt mitten im Interview. »Die Leute denken immer, dass es darum geht, jemanden zu wählen, dass jeder eine Stimme hat, dass Macht geteilt wird, aber nein, das ist es nicht. Das Einzige, was letztendlich wirklich zählt, ist, dass wir die Mächtigen wieder loswerden können, ohne Blut zu vergießen!«

Demokratie erlaubt unblutige Machtwechsel. Der Rest ist eine Frage von Vereinbarungen, von kulturell bedingten Praktiken und Prioritäten, von starken Zivilgesellschaften und starken Institutionen.

23 **Von Social Media zerrieben wurde** Mit Chat-GTP und anderen, schon bald mächtigeren Formen der Künstlichen Intelligenz wird noch eine weitere Bedrohung der Fakten auf die Demokratien der Welt zurollen: vollkommen plausible Fotos, Filme oder Tonaufnahmen, die mit immer besserem Realismus die Realität so weit biegen, bis sie vor aller Augen zerbricht. Newsflash: Ermordung des Präsidenten, mit live Footage. Newsflash: Dementi des Präsidenten, der sagt, es gehe ihm sehr gut. Newsflash: Interviews mit schluchzenden, traumatisierten Zeuginnen des Mordes, inklusive einiger Prominenter. Breaking News: Präsident sagt, er sei der einzige echte Präsident — Präsident widerspricht. Newsflash: Mobs formen sich auf den Straßen. Militärfahrzeuge erscheinen auf wichtigen Kreuzungen.

24 **Unter dem Aspekt der Möglichkeit zu sehen** Robert Musil findet in seinem Roman *Der Mann ohne Eigenschaften* eine wunderbare Formel dafür. Wir le-

ben nach dem Wirklichkeitssinn, der uns hilft, die Realität zu bewältigen, doch: »Wenn es aber Wirklichkeitssinn gibt, [...] dann muß es auch etwas geben, das man Möglichkeitssinn nennen kann. Wer ihn besitzt, sagt beispielsweise nicht: Hier ist dies oder das geschehen, wird geschehen, muß geschehen; sondern er erfindet: Hier könnte, sollte oder müßte geschehen; und wenn man ihm von irgend etwas erklärt, daß es so sei, wie es sei, dann denkt er: Nun, es könnte wahrscheinlich auch anders sein. So ließe sich der Möglichkeitssinn geradezu als die Fähigkeit definieren, alles, was ebensogut sein könnte, zu denken und das, was ist, nicht wichtiger zu nehmen als das, was nicht ist.« (Robert Musil: *Der Mann ohne Eigenschaften*, S. 19 f.)

25 **Der Anfang aller Autonomie** Dass ausgerechnet Freiheitsmomente auf Regeln und Wiederholung basiert sein sollen, scheint nur widersinnig. Wer aber irgendetwas ausübt, was im Augenblick stattfindet, sei es Fußball oder Kammermusik, weiß, dass Freiheit nur durch perfekte Technik möglich und Individualität überhaupt erst lesbar wird, wenn sie in einer geteilten Sprache vermittelt wird. Eine Musikerin, die auf der Bühne ein Stück spielt, das schon zahl-

lose tausend Male fast identisch gespielt wurde, kann gerade deswegen zwischen den Noten Freiheitsmomente entwickeln und mit Nuancen große Revolutionen schaffen.

4

Rechte für Flüsse

Autonomie ist notwendig, aber es ist schwer, aus diesem individuellen Zugang eine gesellschaftliche Ordnung zu konstruieren. Die Emanzipation von oben kann außerdem genauso bevormundend sein wie eine Diktatur — oft sind beide nicht voneinander zu unterscheiden. Dazu kommt noch, dass Autonomie in jedem politischen Kontext irgendwann und irgendwie in der Freiheit der Starken mündet. So entstehen in fast allen Kollektiven und Gesellschaften Eliten, die sich die Macht untereinander aufteilen.[1]

Vielleicht wird es in allen komplexen Gesellschaften eine Mehrheit von Menschen geben, die willens ist, einer Elite scheinbar komplizierte Entscheidungen zu überlassen und ihr zu erlauben, sich daran zu bereichern, solange sie selbst unterhalten und abgelenkt werden und solange ihr Kühlschrank voll ist, weil Menschen eben keine idealen und vernünftigen Wesen sind, sondern Primaten, deren evolutionäre Erfahrung ihnen zuraunt, dass das einzig Wichtige ist, heute Abend satt ins Bett zu gehen und nicht aus der Sippe ausgestoßen zu werden. Vielleicht müssen wir diese Erkenntnisse pragmatisch zur Kenntnis nehmen und versuchen, die unter jenen Bedingungen besten Gesellschaften zu erdenken und den vielleicht unausweichlichen Mechanismus der Elitebildung zumindest so zu formen, dass er nicht destruktiv wird.[2] Deswegen verteilen demokratische Systeme Macht immer wieder neu oder sollten es tun.

Die meisten Utopien der Geschichte sind daran gescheitert, dass Philosophen und andere Hitzköpfe ideale, statische Gesellschaften herbeigeschrieben haben und dann die Menschen so lange zurechtstutzen, umerziehen und brainwashen wollten, bis sie auch geeignet sein würden, als Bürger oder Zahnrädchen dieser idealen Ordnung zu funktionieren. Dagegen haben Menschen sich als bemerkenswert resistent erwiesen.[3] Wenn Menschen evolutionär begriffen werden, was ihrem Streben und ihrem Erleben keinen Abbruch tut, verschiebt sich auch das Verständnis. Es ist sinnlos, ein Gehege für ideale Tiere zu bauen und dann konkrete Primaten (die, ja, unendlich faszinierend, intellektuell reich und spirituell fantasievoll sind und meine Empathie erwecken) dort hineinzusetzen. Es ist besser, die Primaten in ihrem Lebenskontext verstehen zu lernen und dann eine Ordnung zu schaffen, in der ihre Bedürfnisse und die Notwendigkeiten der natürlichen Systeme nicht auseinanderklaffen.

Im Gegensatz zu den Aufklärern, die vor drei oder vier Jahrhunderten schrieben, haben wir inzwischen ein erstaunlich umfangreiches kritisches, faktenbasiertes Wissen über historische Prozesse, politische Systeme und über die Entwicklung von Gesellschaften.[4] Über viele Ideen für bessere und gerechtere Gesellschaften, viele utopische Ordnungen bestehen inzwischen umfangreiche Daten, und es ist nicht mehr notwendig, Meinungen über sie zu haben oder sie auf dem Reißbrett zu entwerfen. Dieses Wissen unterscheidet eine neue Aufklärung von der ersten, die ihr Denken über die Welt zwar auf philosophische und theologische, aber kaum auf historische oder naturwissenschaftliche Traditionen aufbauen konnte.

Dieses relativ neue, kritische Wissen besagt, dass es in fast allen Gesellschaften zu Elitebildung kommt, und nicht nur in menschlichen. Es besagt aber noch etwas: Die Emanzipation der Elite, der Starken, endet bestenfalls in der Oligarchie oder dem Neofeudalismus westlichen Zuschnitts, oder bei Stalin oder Ayn Rand[5], in einer Dystopie, einer Diktatur, in Gewalt und Unterdrückung, im Terror, im Gulag oder im entfesselten absoluten Markt und damit in der Negation der aufklärerischen Ideale.[6]

Die Emanzipation der effektivsten und aggressivsten, am besten vernetzten Akteure und Klassen in der Gesellschaft braucht ein Gegengewicht. Im politischen Denken der Aufklärung wurde die Gleichheit[7] zum Ausgleich gegen die Macht der Starken, denn der Impetus der Aufklärung lag ja im Kampf gegen diejenigen, die ihre Macht nicht teilen wollten, und zumindest einige der Aufklärer waren sich der Gefahr bewusst, die eine neue Elite für das gesamte Projekt bedeuten würde.

So fing Aufklärung mit der gefährlichen Behauptung der Gleichheit[8] an, eine politische Kampfansage an die damalige politische Ordnung — und die gegenwärtige.[9] Heute wird einerseits öffentlicher denn je um Gleichheit gekämpft, andererseits vertieft sich die Ungleichheit derer, die keine effektiven Fürsprecher haben, immer weiter. Das Bestehen auf der Gleichheit, den gleichen fundamentalen Rechten für alle, des gleichen Werts von Leben und Stimme, ist so subversiv wie nie zuvor.[10]

Gleichheit gibt es nicht. Sie widerspricht der Tatsache, dass Menschen instinktiv ihre Umwelt nach Nähe und Nützlichkeit bewerten. Sie ist eine ethische Setzung, eine notwendige Fiktion[11] und widerspricht damit auch der aufklärerischen Betonung von empirischer Beobachtung und Analyse.[12] Die Annahme der Gleichheit resultiert daraus, dass allen Menschen gleiche Rechte und gleiche Würde einfach zugesprochen werden, eine reine Behauptung. Natürlich sind auch andere Ordnungen fiktiv, doch sie appellieren häufig an ein Prinzip, das außerhalb der Gesellschaft liegt, an einen Gott oder an viele Götter. Die Gleichheit aber wird Menschen voneinander zugesprochen.[13]

Es ist ein riesiger Schritt, ein so fundamentales moralisches Prinzip nur in den Geschichten der Menschen zu verankern, noch dazu eines, das nicht ohne garantierte, durchsetzbare Rechte bestehen kann und die Diskussion über diese Rechte nicht abreißen will. Die heroischen Versuche von Aufklärern wie Kant[14], eine Moral in der reinen Vernunft zu verankern, ist nicht nur analytisch gescheitert, sie wurden auch von der Geschichte widerlegt.[15]

Aus dieser einfachen, historisch einigermaßen untermauerten Behauptung der Gleichheit aller an Würde und Rechten entstehen zwei Fragen: Wenn alle Rechte haben, wer hat dann Pflichten? Und: Wenn Rechte eine Fiktion sind, die jemandem zugesprochen werden kann, warum sprechen wir sie dann nicht auch anderen Lebewesen zu?

Die Überlebensmöglichkeiten aller Organismen werden durch die Klimakatastrophe radikal verletzt, bis hin zum menschlichen Recht auf Leben.[16] Rechte aber hängen nicht nur davon ab, dass sie durch Vereinbarungen, Institutionen und die Androhung von Zwang garantiert werden, sondern auch davon, dass die natürlichen Umstände eine solche Gesellschaft mit solchen Institutionen und Vereinbarungen überhaupt möglich machen. Inmitten einer Naturkatastrophe werden Rechte sehr dünn und erschreckend theoretisch. Die Frage nach den Menschenrechten und der Gleichheit vor dem Gesetz setzt nicht nur funktionierende Gesellschaften, sondern auch funktionierende natürliche Systeme voraus.

Heute muss eine Diskussion um Rechte und Autonomie mit einer grünen Revolution anfangen, die alle anderen Rechte und Freiheiten überhaupt erst ermöglicht, und ohne die auch jene Strukturen verschwinden, die sie garantieren. Heute stellt jede Diskussion über Rechte die Frage nach der Solidarität, die nicht nur moralisch, sondern dank globaler Wettersysteme ganz existenziell eine globale Solidarität sein muss.[17] Damit ist auch die Frage nach den Pflichten schon beantwortet. Kein Recht kann bestehen, wenn Pflichten nicht geachtet und durchgesetzt werden. Nur ein Ergreifen der Pflichten kann dazu führen, dass es überhaupt noch Gesellschaften gibt, in denen individuelle, gleiche Rechte angenommen und verfolgt werden, und es nicht die Menschen sind, die verfolgt werden.

In Zeiten der Klimakrise muss eine neue Aufklärung Position ergreifen für globale Solidarität, für die Gleichheit aller menschlichen Erfahrungen, denn ohne sie wird die Idee von Menschenrechten nicht nur unmöglich zu argumentieren, sondern obszön.[18] Sie wird zur Maske einer sehr hässlichen globalen Herrschaft.

Aber warum bei menschlichen Erfahrungen aufhören?

Natürlich: Gerade in der Tradition der Bibel wird ein kategorischer Unterschied zwischen Menschen und anderen Tieren, zwischen Menschen und dem Rest der Natur angenommen. Diese Unterscheidung aber bröckelt immer stärker ab. Es ist (und war schon immer) empirisch unübersehbar und inzwischen auch wissenschaftlich ausführlich getestet, gemessen, dokumentiert und theoretisiert, dass auch andere Tiere Arten von Bewusstsein und Intelligenz haben, Schmerz und Verlust empfinden, Freude, Neugier, dass sie soziale Strategien und persönliche Bindungen haben.[19] Die Arten von Bewusstsein und Intelligenz unterscheiden sich wohl ebenso sehr von denen von Homo sapiens, wie sich Anatomie und Lebensräume unterscheiden, aber auch bei Menschen untereinander sind sie ja sehr unterschiedlich, und das steht der Idee der gleichen Rechte nicht im Wege. Warum also keine Rechte für andere Tiere, eine Ausweitung der Fiktion auf andere fühlende Wesen, von deren Überleben das der Menschen abhängt?[20]

Rechte basieren auf dem Anerkennen einer fundamentalen Verwandtschaft, einer wechselseitigen Abhängigkeit. Tiere existieren nicht nur als Individuen, sondern auch und vor allem als Teile von komplexen symbiotischen Systemen. Ihre Existenz hängt von diesen Systemen ab, wird von ihnen bedingt, so wie sie auch selbst Bedingung anderer Lebensmöglichkeiten sind. Diese Zusammenhänge lassen sich nicht auseinanderdividieren oder individualisieren, manche Möglichkeiten des Lebens entstehen erst durch komplexe Kooperation in Systemen, die sich verhalten wie Organismen.[21]

Das verschiebt die Diskussion um Rechte als verliehene Fiktionen noch einmal weiter. Wenn das Leben davon abhängt, dass überlebenswichtige Systeme nicht aus dem Lot geraten, nicht zerstört oder beschädigt werden, ist es dann nicht nur folgerichtig, ganzen Ökosystemen Rechte zu verleihen oder sie, wie bereits in Neuseeland und Kanada, als Rechtspersonen zu behandeln, sodass sie vor Gericht vertreten werden können? Rechte für Ökosysteme, das ist eine interessante Verschiebung der Diskussion um menschliche Fiktionen.[22]

1 Die Macht untereinander aufteilen Das klingt etwas defätistisch, aber wenn aufklärerisches Denken sich an der Empirie orientieren will, dann kann sich das Nachdenken über Gesellschaften nicht nur an historischen Erkenntnissen, sondern auch an anthropologischen und zoologischen Ideen orientieren. Jede Gruppe hat bestimm-

te Rollen, die besetzt werden müssen, braucht und schafft einen Anführer, einen Klassenbesten, einen Clown, einen Verlierer, und das nicht nur bei Homo sapiens. Größere Gruppen tendieren zu Elitebildung, was der Effizienz des Kollektivs meist zugutekommt. Soziale Kollektive mit offenen Eliten, die neue Talente zulassen, aber auch alte wieder vom Thron stoßen, können lange und mit relativ wenig Gewalt weiterbestehen. Schlimm wird es in Rudeln, in denen die Elite sich abschottet, Harems bildet, jeden Rivalen wegbeißt oder zertrampelt. Bei Pavianen und Schimpansen etwa führt das zu regelrechten Kriegen, epischen Schlachten um den Top-Job zwischen erbitterten Rivalen, die Allianzen schmieden, Coups planen und ausführen und den Herrscher schließlich im Duell stellen oder hinterrücks ermorden.

2 **Nicht destruktiv wird** Wie denkt man darüber nach, wie eine gute Gesellschaft funktionieren kann, obwohl Menschen nun einmal so eigennützig und träge sind, wie sie sind? Der virtuoseste Versuch in dieser Richtung wurde von dem amerikanischen Philosophen John Rawls unternommen. Rawls schlägt ein Gedankenexperiment vor: Stelle dir vor, du kannst über eine

zukünftige Gesellschaftsordnung entscheiden, kannst jedes Detail darin bestimmen — aber du weißt noch nicht, welchen Platz du in dieser Gesellschaft einnehmen wirst, dir wird willkürlich einer zugewiesen. Wie also kannst du eine Gesellschaft denken, in der du unter allen Umständen die bestmögliche Chance hast, menschenwürdig zu leben und Autonomie zu genießen?

3 **Als bemerkenswert resistent erwiesen** In diese Falle sind besonders linke utopische Denker:innen gefallen. Auch Corinne Pelluchon zeigt ihre utopistischen Sympathien, wenn sie schreibt: »Die Idee der Perfektionierbarkeit [des Menschen], die unter der Feder von Jean-Jacques Rousseau geboren wird, unterscheidet sich von der Idee des Fortschritts ..., der Mensch, der kein unwandelbares Wesen [nature fixe] hat, schafft die Bedingungen seiner Existenz.« (Pelluchon, S. 202. Übers. PB)

Nein, nein, nein! Homo sapiens ist ein Tier, ein Primat. Die Spezies ist so flexibel und resilient, dass sie von den Tropen bis in die Arktis überleben kann, im Dschungel und in Megalopolen, aber sie ist nicht aus Ton und nicht unendlich formbar. Homo sapiens hat eine bestimmte Natur, bestimmte Bedürfnisse, Sinnesorgane, emotionale Reflexe, kogniti-

Wie denkt man
darüber nach,
wie eine gute
Gesellschaft
funktionieren kann,
obwohl
Menschen nun
einmal so
eigennützig
und träge sind, wie
sie sind?

ve Lücken etc. Sie sind nicht erfunden und sie können nicht eliminiert werden. Die natürlichen, evolutionären Bedingungen der Existenz schaffen die Möglichkeiten der Menschen, ihr eigenes Schicksal zu beeinflussen. Leider haben die evolutionären Prägungen Homo sapiens nicht auf die Auswirkungen neuer Technologien vorbereitet, auf die Flut von Zerstörung und Transformation und Möglichkeiten und Gefahren. Da erlahmt die Gestaltungsfähigkeit.

4 Die Entwicklung von Gesellschaften

Natürlich bleibt das immer umstritten, aber als die ersten Aufklärer schrieben, gab es noch kein kritisches historisches Wissen. Die großen Autoritäten waren noch immer die Autoren der Antike von Herodot bis Livius, die ersten gedruckten historischen Werke waren Heiligenleben und Heldenerzählungen — pure Propaganda. Schlüsselwerke wie Humes *History of England*, Gibbons *Decline and Fall of the Roman Empire* oder Voltaires *Le Siècle de Louis* XIV waren erst im Entstehen begriffen. Es gab also kein gesichertes, kritisches Wissen, auf das ein Philosoph hätte zurückgreifen können. Und obwohl auch schon damals ein wacher Sinn für historische Skepsis bestand, waren historische Quellen noch kaum erschlossen, die Archäologie begann erst, von anderen Hilfswissenschaften ganz zu schweigen. All das ist heute anders, und dieses zusätzliche, wenn auch immer hinterfragbare Wissen muss auch das Nachdenken über Gesellschaft verändern. In mancher Hinsicht sind wir einfach weiter in den Debatten, als die Aufklärer es waren, und damit verschieben sich auch die Fragen und die Begriffe.

5 Stalin oder Ayn Rand Was für ein Paar!

6 Negation der aufklärerischen Ideale Hier liegt das rationalistische und sehr deutsche Missverständnis der Aufklärungskritik in der Tradition von Max Horkheimer und Theodor W. Adorno, deren »instrumentelle Vernunft« zum amoralischen Monster wurde.

Ja, es gibt die Tradition der Aufklärung, die Menschen als vernünftig und die Vernunft als Gottheit betrachtet und alle menschlichen Regungen und Ziele der Ratio unterordnen will. Dieser Annahme folgend ist die Vernunft grenzenlos und ohne Korrektiv und gleichzeitig das höchste Ziel des menschlichen Strebens. Aber das ist eben nicht das Menschenbild »der Aufklärung«, sondern nur der verzopften Strähne des aufklärerischen Denkens, und besonders des deutschen aufklärerischen Denkens, die von den Professoren des 19. Jahrhunderts kanonisiert wurde. Von dieser Art des Denkens einer verabsolutierten Rationalität führt tatsächlich eine Spur zur Entmenschlichung von Individuen oder Gruppen, die als Störfaktoren begriffen und verfolgt oder ermordet werden.

Horkheimer/Adorno und andere Kritiker von Edmund Burke aufwärts haben in der Aufklärung nichts als diese rationalistische Tradition gesehen, die Menschen als potenziell völlig rational und tugendhaft beschreibt und glaubt, dass Vernunft und Tugend zusammenfallen und dass alle Menschen so leben werden oder doch können, wenn nur die Umstände sie nicht daran hindern. Menschen sind also auch Wesen, die der Erlösung bedürfen, sei es von Unterdrückung von außen, oder die Erlösung von sich selbst, von ihrer eigenen Irrationalität, ihren Instinkten und Trieben.

Diese Denktradition reicht bis weit in den Sozialismus hinein (der Mensch als unendlich verbesserbares Wesen und die Notwendigkeit des revolutionären Wandels) und steht auch hinter der neoklassischen Wirtschaftslehre (der Mensch als rationales Individuum, das seinen Vorteil optimiert und bei dem Tugend und Rationalität zusammenfallen), aber sie hat ihre Anfänge in der christlichen Theologie.

Andere, in dieser Geschichte marginalisierte Denker der Aufklärung aber verweigerten sich von Anfang an der absoluten Rationalität und nahmen die instinktive, körperliche, sensuelle Dimension des Menschen ernster. Von Baruch Spinoza und Pierre Gassendi bis zu Denis Diderot gaben Teilnehmer an diesen Debatten gerade der Lust und der Empathie als Grundkonstanten des menschlichen Lebens wesentlich mehr Raum und beschrieben Menschen damit eben nicht als rein vernünftige Wesen.

Von den bizarren Kulten der späten Französischen Revolution über die Hegelsche Geschichtsphilosophie bis hin zur Heilslehre des freien Marktes treibt die Religion einer abstrakten Vernunft als Schwester einer dunklen Vorsehung noch immer ihr Unwesen.

7 **Gleichheit** Dies ist die Achillesferse des Freiheitsdenkens. Schon in der Französischen Revolution wurde offensichtlich, dass die Freiheit der Wenigen eine Gefahr darstellte, daher auch *liberté — egalité — fraternité*, nämlich eine Einhegung der Freiheit durch die Gleichheit und die

Solidarität. Wie schwierig die historische Realität aber gegenüber der philosophischen Fantasie ist, ergibt sich aus der Autorschaft dieses bis heute über zahllose Eingänge von Bürgermeisterämtern in Sandstein gemeißelten Mottos. Zum ersten Mal in Druck gebracht wurde es von Camille Desmoulins, einem der radikalsten Revolutionäre, für den der Terror eine legitime politische Waffe war. Maximilien de Robespierre übernahm es und entfesselte im Namen der Gleichheit einen Terror sondergleichen, der sogar Desmoulins so anwiderte, dass er dagegen protestierte und zu Robespierres Gegner wurde. Die resultierenden Ereignisse sollten sie beide ihren Kopf kosten. Zahllose Leben wurden später noch dem politischen Kult der Gleichheit geopfert, dem Kult der Freiheit und sogar der Solidarität. Jede Idee hat ihre Achillesferse, jeder Kult lebt durch Gewalt und ist letztendlich mörderisch.

8 Gleichheit Nicht nur eine Behauptung, eine Setzung, sie war auch tatsächlich unmoralisch und staatsgefährdend. Die Welt des 17. Jahrhunderts, in die sie in Gestalt der Schriften von Spinoza und Hobbes hineinplatzte, war eine Welt, die auf sehr andere moralische Annahmen gebaut

war. Ein Grundprinzip war gerade die Ungleichheit der Menschen. Selbstverständlich war ein Mann mehr wert als eine Frau, ein Christ als eine Heidin, ein Adeliger als ein Bauer. Auf eben dieser Annahme der Ungleichheit war die gesamte soziale Ordnung konstruiert. Die Idee der Gleichheit war also ein Angriff auf diese Ordnung. Sie ist es, trotz aller Rhetorik von offiziellen Stellen, immer noch.

Eine Ungleichheit übrigens, die sich vor dem 18. Jahrhundert noch nicht durchgesetzt hatte, war die zwischen verschiedenen ethnischen Gruppen. Für die Aufklärer war es der Grad der Zivilisiertheit, der über den Wert von Gesellschaften und Menschen entschied, nicht die Hautfarbe. Auch Afrikaner, Asiaten und indigene Völker Amerikas wurden mit äußerstem Respekt beschrieben, wenn sie sichtbare Kulturleistungen vorwiesen, während auch weiße Menschen als minderwertig betrachtet wurden, sollten sie als »nicht zivilisiert« gelten. Die »wissenschaftliche« Idee der Rasse kam erst im 19. Jahrhundert in die Diskussion.

9 **Die gegenwärtige Ordnung** Nachdem die Diskussion um Gleichheit lange sozial geführt wurde, hat sie inzwischen gerade im globalen Norden auf das

Feld und das Vokabular der Identität gewechselt. Das hat die politische Dynamik verschoben (weg vom Klassenkampf und hin zur Inklusion), hat aber seine Tücken. In *Not so Black and White* schreibt Kenan Malik über die Gefahr, dass Identitäts-Communities (Gay, LGBTQ+, Moslem, Frauen, Latino etc.), die sich im politischen und zivilgesellschaftlichen Prozess abbilden und integrieren lassen, zu neuen Gefängnissen werden können. Er beschreibt diese »communities« als »*the ghostly afterlife of race*« (S. 267).

Interessant ist in diesem Zusammenhang auch Elizabeth S. Andersons Neuvermessung der Gleichheit, die nicht auf eine Gleichheit von quantifizierbaren Ressourcen wie Geld zielt, sondern auf eine Gleichheit der unteilbaren Güter wie Anerkennung oder Teilnahme. Eine rein materielle Gleichheit schafft eine Klasse der Empfänger von staatlicher Großzügigkeit, eine Klasse der Unglücklichen, Benachteiligten und schafft so unwillentlich eine neue Art von Ungleichheit. (Elizabeth S. Anderson, *What is the Point of Equality?*, Ethics, Vol. 109, No. 2 [Jan., 1999], pp. 287–337)

10 **So subversiv wie nie zuvor** Hier geraten die Gesellschaften des globalen Nordens an ihre zentralen moralischen Widersprüche. Um es kurz

zu machen: Die Annahme der menschlichen Gleichheit ist das Fundament von Demokratie, von einem auf individuelle Freiheit orientierten Verständnis der Welt. Gleichzeitig aber sind diese Gesellschaften immer ungleicher, und diese Ungleichheit zeigt sich nicht nur in der Höhe des Einkommens, sondern auch in Gesundheit, Lebenserwartung, intellektuellen Horizonten, Bildungschancen, Freiheitsmomenten. Der Wohlstand dieser ungleichen Gesellschaft basiert zu einem guten Teil darin, dass andere ökonomische Räume und die Menschen in ihnen noch ungleicher sind, weniger wichtig, weniger präsent, nicht unser Problem.

11 Eine notwenige Fiktion Dies ist ein guter Ort, um einem obskuren, aber richtungweisenden Denker ein Kränzchen zu winden: Hans Vaihinger, einem Kant-Experten im deutschen Kaiserreich, der ein völlig unauffälliges Professorenleben führte, aber als alter Mann ein revolutionäres Werk publizierte: *Die Philosophie des Als Ob* (1911). Auf 800 Seiten behäbig-akademischer Prosa (wohl der Hauptgrund, warum das Werk immer noch wenig gelesen wird) argumentiert Vaihinger eine einfache, doch frappierend effektive Idee: Unser Wissen

über die Welt, das Bild, das wir uns machen, ist oft nachweislich falsch, führt aber trotzdem zu sinnvollem Handeln. Newtons Physik, zum Beispiel, geht von falschen Annahmen aus, die von Einstein korrigiert wurden. Für das tägliche Leben freilich erklärt Newton genug, weil sich das tägliche Leben selten bei Lichtgeschwindigkeit abspielt. Auch Quantenphysik und Relativitätstheorie widersprechen einander in fundamentalen Fragen, können also nicht beide wahr sein. Beide aber haben nicht nur enorme theoretische, sondern auch technologische Fortschritte möglich gemacht. Sie sind also falsch, aber trotzdem nützlich, sie sind nützliche Fiktionen, die rechtfertigen, dass wir handeln, *als ob* sie wahr wären. Der Wert von Wissen wird nicht daran gemessen, ob es objektiv wahr ist, sondern ob es eine nützliche Fiktion schafft, ob es konstruktives Handeln erlaubt.

12 **Beobachtung und Analyse** Es ist wichtig zu sehen, dass das aufgeklärte Denken hier den Boden der Objektivität oder zumindest der Objektivierbarkeit verlässt, wenn auch Vaihinger einwenden würde, dass die Objektivität nichts anderes ist als eine notwendige Fiktion, und dass

die Idee der Freiheit oder der Gleichheit gleichfalls notwendige Fiktionen sind.

Die Behauptung der Gleichheit aller Menschen (an Würde, an fundamentalen Rechten und vor dem Gesetz) ist einerseits notwendig, um dem Freiheitswillen der Starken ein Gegengewicht zu bieten, und andererseits zielführend, wenn Gerechtigkeit und Gesetze, nicht das Recht des Stärkeren das Ziel sind. Sie ist aber nur eine von vielen Möglichkeiten, eine Gesellschaft zu konstruieren und eine historisch ungewöhnliche.

13 **Menschen voneinander zugesprochen** Rechte sind das Produkt von Geschichten, die sie erfunden und zum Teil des moralischen Dramas gemacht haben. Selbstverständlich ist auch die Freiheit so eine Fiktion, denn weder Menschenrechte noch Freiheit bestehen ohne Geschichten und Gesellschaften. Das dritte Element des revolutionären Mottos, die Brüderlichkeit oder die Solidarität, besteht auch in kleinen und einfachen Gesellschaften, sie ist ein Prinzip, das auch in anderen Tierarten beobachtet wird. Die Freiheit aber setzt voraus, dass die Dinge auch anders werden könnten, und dass ich diese Veränderung bewirken kann, während die Gleich-

Selbstverständlich
ist auch die Freiheit
so eine Fiktion,
denn weder
Menschenrechte noch
Freiheit bestehen
ohne Geschichten
und Gesellschaften.

heit noch einen Sprung der Vorstellungskraft erfordert, dass nämlich alles menschliche Leid ist wie meines.

Die Idee der Gleichheit hat etwas Dynamisches: Sie ist ein Zustand, der einerseits angenommen wird, andererseits aber immer noch hergestellt werden muss. Sie besteht als ein Recht, aber selten als soziale Wirklichkeit. Ihre Existenz als Recht hängt ganz davon ab, ob sie genug Mittel hinter sich weiß, um zur Not auch mit Zwang durchgesetzt zu werden. Die Idee, dass Rechte durchgesetzt werden, Gleichheit geschaffen werden muss, mündet fast automatisch in einer heroischen Geschichte, einem Heldenepos oder einer Abenteuer-Romanze, denn ihr narratives Potenzial und die damit verbundenen Sehnsüchte sind immens. So entstehen starke Geschichten.

14 Aufklärer wie Kant Ja, natürlich, ein ambivalentes und gerade deswegen typisches Beispiel. Immanuel Kant wird noch immer als Vater eines metaphysischen, kritischen Freiheitsbegriffs, eines Begriffs der Menschenrechte und des Weltfriedens gefeiert. Gleichzeitig war er ein fürchterlicher Rassist und einer seiner besten Freunde investierte in den Sklavenhandel. All

das macht seine Ideen nicht dümmer und nicht falsch, aber es zeigt, dass Kontext immer wichtig ist, dass es kein reines, von den historischen Umständen und der Allmacht persönlicher Kompromisse unberührtes Denken, keine Kunst und überhaupt kein Leben geben kann. Auch heute nicht, also Vorsicht bei rückblickenden Verurteilungen. Ja, auch im 18. Jahrhundert gab es Aufklärer wie Guillaume Raynal und Denis Diderot, die leidenschaftlich gegen Sklaverei und Kolonialismus schrieben, und schon damals war es eine moralische Entscheidung, Menschen das Menschsein abzusprechen. Trotzdem ist moralische Entrüstung selten ein konstruktiver oder analytisch interessanter Blickwinkel.

15 **Von der Geschichte widerlegt** Mit einer rein vernunftbasierten Ethik kommt man nicht nur zu Immanuel Kants transzendentalen Wahrheiten, sondern auch in die Folterkeller des Marquis de Sade. Auch seine Entscheidung, andere ganz seiner Lust zu unterwerfen und ihren Schmerz zu genießen, ist vollkommen rational. Auch der Rassismus, der im 19. Jahrhundert theoretisch untermauert wurde, führt dazu, dass Menschenrechte plötzlich davon ab-

hängen, wer »wissenschaftlich« als vollgültiger Mensch klassifiziert wird.

Wer Freiheit und Menschenrechte argumentieren will, kann es mit dem Naturrecht versuchen, aber das ist letzten Endes nur religiös zu begründen. Eine andere Möglichkeit, Fundamente der Moral zu identifizieren, wäre ein Blick zu anderen Tierarten, die ebenfalls Rechte und Pflichten innerhalb eines Kollektivs kennen. Man kann pragmatisch argumentieren, dass Gesellschaften auf dieser Basis ein längeres und sehr wahrscheinlich glücklicheres Leben ermöglichen, dass gleiche Rechte für alle das beste Kalkül sind, um selbst nicht unterzugehen, aber man kann diese Fiktion nicht metaphysisch verankern, ohne sich gleich eine Religion einzuhandeln. Es ist auch nicht notwendig. Rechte sind gut für Menschen.

16 **Recht auf Leben** Diese Argumentation ist längst Gesetz geworden. 2018 waren beispielsweise Klimaaktivist:innen in den Niederlanden erfolgreich mit einer Klimaklage, die den Staat dazu zwang, die Emissionen drastisch zu reduzieren und auf niederländischen Autobahnen beispielsweise Tempo 100 einzuführen. Sie argumentierten, dass der Staat seine Ver-

antwortlichkeit für das Wohlergehen seiner Bürger:innen verletzte, indem er weiterhin hohe Emissionen erlaubte, gerade in einem Land, das zu einem Viertel unter dem Meeresspiegel liegt. Gleichzeitig zeigt dies aber auch die Schwierigkeiten einer Neuorientierung. Bauern, die jahrelang von Politik und Banken dazu ermutigt und fast genötigt worden waren, in intensive Viehzucht für den Export zu investieren, fanden ihr Geschäft plötzlich ruiniert, weil diese Art der Tierproduktion auch in hohen Stickstoff-Konzentrationen resultiert, viel mehr, als die neuen Richtwerte erlaubten. Eine Welle von wütenden Protesten folgt und das Problem ist noch längst nicht gelöst.

17 Eine globale Solidarität sein muss Ein Aufforstungsprogramm in den Alpen ist nur begrenzt sinnvoll, wenn in Brasilien und Indonesien jedes Jahr das Äquivalent der Fläche der Alpen an Regenwald vernichtet wird (2020 waren es weltweit 30 Fußballfelder Regenwald pro Minute). Dies ist ein grenzenloses, entgrenztes Phänomen. Auch die Reaktionen darauf werden global denken müssen.

18 Obszön Hier kann sich die Philosophie nicht aus der Politik heraushalten. Wenn es Menschen-

rechte gibt, wenn sie zumindest eine notwendige Fiktion sind, ein Leitsystem für moralisches Handeln in ungerechten und ungleichen Gesellschaften, wenn es darüber hinaus andere Tiere, andere Organismen und Systeme gibt, die in die Fiktion eingeschlossen werden könnten, dann lässt die Klimakrise keinen anderen Schluss zu. Ihre Auswirkungen verletzen die Menschenrechte zahlloser Individuen und darüber hinaus zerstören sie die Existenzgrundlagen verschiedener Lebensformen. Sie sind ein Angriff auf die Menschenrechte und auf die bereits jetzt sehr ungleich verteilte Gleichheit der Menschen, weil sie tendenziell die Armen ärmer machen werden und die Reichen reicher. Es kann also keine sinnvolle politische Transformation und keine aufklärerische Emanzipation geben, ohne eine grüne Revolution zu suchen. Um deutlich zu sein: Diese Revolution sollte kein gewaltsamer Umsturz sein, denn alle gewaltsamen Revolutionen werden von Idealisten begonnen und dann von Gangstern gekapert.

19 **Persönliche Bindungen haben** Friedrich Nietzsches scharfer Blick für moralische Intuitionen war der Wissenschaft um einige Jahrzehnte voraus: »Die Anfänge der Gerechtigkeit, wie die der

Klugheit, Mäßigung, Tapferkeit, — kurz Alles, was wir mit dem Namen der sokratischen Tugenden bezeichnen, ist tierhaft: eine Folge jener Triebe, welche lehren, nach Nahrung zu suchen und den Feinden zu entgehen. Erwägen wir nun, dass auch der höchste Mensch sich eben nur in der Art seiner Nahrung und in dem Begriffe dessen, was ihm Alles feindlich ist, erhoben und verfeinert hat, so wird es nicht unerlaubt sein, das ganze moralische Phänomen als tierhaft zu bezeichnen.« (Friedrich Nietzsche, *Morgenröte*, S. 37)

20 **Von deren Überleben das der Menschen abhängt** Corine Pelluchon macht diese Frage zum Kern ihres philosophischen Projekts: »... die Verachtung vor dem Lebenden begründet eine Kultur des Todes, die charakterisiert ist durch soziale Gewalt, die Zerstörung der Natur, die Unterwerfung der Tiere. Die Zurückweisung der Alterität und das Zurückdrängen ihrer emotionalen Dimension bedeuten, dass die Scheidung zwischen Zivilisation und Natur zuallererst eine Selbstamputation ist. Diese schafft eine Entmenschlichung, die sich in Gewalt ausdrückt, die besonders gegen die Körper anderer Lebewesen ausgeübt wird.« (Pelluchon, S. 292. Übers. PB)

21 Organismen Hier kommt natürlich James Lovelocks Gaia-Theorie um die Ecke, die Idee, dass sich die Ökosysteme des Planeten und die stabile Zusammensetzung der Gase in der Atmosphäre nur erklären lassen, wenn die Erde selbst als eine Art Organismus begriffen wird.

22 Menschliche Fiktionen Ein Fluss als Rechtsperson, wie der Whanganui River, der 2017 in Neuseeland dazu gemacht wurde, als ein legaler Mechanismus, um die der indigenen Maori-Bevölkerung im historischen Vertrag von Whaitangi garantierten Rechte effektiver schützen zu können. Auch der Magpie River in Quebec ist als Rechtsperson anerkannt und die Verfassung von Ecuador garantiert der Natur Rechte und Respekt.

Dieser Gedanke ist vielleicht gewöhnungsbedürftig, aber letztlich nicht künstlicher als eine Firma als Rechtsperson. Ein Fluss kann so sehr eine Person mit Rechten sein, an deren statt vor Gericht für ihre Rechte gekämpft werden kann, wie eben auch Menschen Rechte haben können, oder gleich sind, oder als frei und rational angesprochen werden. Ähnliche Initiativen werden in mehr als 40 Ländern teilweise erfolgreich verfolgt. Schon in den 1970er-Jahren argumentierte der US-amerikanische Jurist Christopher Stone für dieses Modell in seinem bahnbrechenden Artikel *Should Trees Have Standing? — Towards Legal Rights for Natural Objects.*

Ein Fluss
als Rechtsperson:
Dieser Gedanke ist
vielleicht
gewöhnungsbedürftig,
aber letztlich
nicht künstlicher
als eine Firma
als Rechtsperson.

5

Die Abschaffung der Natur

144

Sprache ist ein mächtiges Instrument, das Gedanken nicht nur eine Form gibt, die ausgetauscht werden kann, sondern die auch immer gleich zur Interpretation, zur Festlegung zwingt, färbt oder sogar lenkt.[1]

Musikinstrumente können das bildlich machen: Jedes hat besondere Qualitäten, ein eigenes Timbre, seine eigene Farbe, artikuliert dieses mühelos und kann jenes kaum oder gar nicht wiedergeben, hat seine eigene Technik. Ohne Instrument gibt es keine Möglichkeit der Kommunikation. Melodien, Klänge und reine Ideen lassen sich nicht vermitteln, ohne gesungen oder gespielt zu werden und damit gleich vermittelt, übersetzt, interpretiert. Die ursprüngliche Idee ist nicht mehr sauber vom Medium zu trennen, und alles Verständnis ist auch Interpretation und damit teilweise Missverständnis, Stille Post.

Jedes Wort kommt mit seinen eigenen Assoziationen, seiner eigenen Geschichte, seinem eigenen Ballast. Das Wort »Natur« zum Beispiel.[2] Es wird gebraucht, um über alles zu sprechen, was nicht von Menschen gemacht wurde (das ist Kultur), und besonders über alles, was organisch und unberührt scheint.[3] Trotzdem wird »Natur« auf sehr unterschiedliche Weisen verwendet und heißt mal Freizeit und mal Ressource, mal Idylle oder Bedrohung. Menschen sind irgendwie Teil der Natur und irgendwie auch nicht. Sie sind eine einzigartige Spezies, die gelernt hat, über die einzelnen Mitglieder als Individuen zu denken, deren intimstes Ziel es ist, ganz Kultur zu werden, ganz Vernunft, Optimierung, Ideal, Kreatur des eigenen Willens, bis aufs Messer, oder das Skalpell des kosmetischen Chirurgen.

Dieser Naturbegriff transportiert Jahrtausende von längst überholten Annahmen und Ansichten über Menschen und die Welt, in der sie leben[4], toter Ballast in einer überlebenswichtigen Debatte.[5]

Die Naturwissenschaft, die ihre eigene Sprache immer wieder den Phänomenen anpassen muss, um sie besser beschreiben zu lernen, ist der Philosophie längst einige Schritte voraus. Ein wichtiger Trend im naturwissenschaftlichen Denken geht im Moment in die Richtung des gescheiterten Trockenfrüchte-Importeurs und späteren

Linsenschleifers Baruch Spinoza, der schon im 17. Jahrhundert argumentierte, dass Gott die Natur ist und es nichts außer Gott geben kann, also nichts außerhalb der Natur, dass alles Natur ist und deswegen nach natürlichen Gesetzen funktioniert, dass nichts von dieser Logik ausgenommen ist oder sein kann.

Diese einfache, aber in ihrer Konsequenz immense Idee[6] wurde schon vor 400 Jahren als so gefährlich angesehen, dass Spinozas Bücher mit besonderem Hass verfolgt und verbrannt wurden. Sie hat sich noch nicht durchgesetzt, aber hier liegt der Angelpunkt der kulturellen Transformation, in der eine neue Aufklärung eine positive Rolle spielen kann.

Das, was man als eine neue Aufklärung bezeichnen könnte, reduziert sich auf einen Satz, den jedes Kind verstehen kann: *Es gibt nichts außerhalb der Natur*.

Oder: *Wir sind Natur*.[7]

Wenn dies die Quintessenz einer neuen Aufklärung[8] ist (und, wie sich mit Spinoza herausstellt, der ersten), dann muss dieser einfache Satz einer Frage standhalten: Beansprucht er für sich, wahr zu sein, nach allem, was wir über Landkarten, Drachen, Modelle, Sprachen, Geschichten, Interpretation und Übersetzung geschrieben haben? Untergräbt ein Denken in diesen Kategorien nicht jeden Anspruch auf Wahrheit?[9]

Alles, was ich anbieten kann, sind die besten Argumente, die ich kenne, die beste Landkarte, die ich zu zeichnen vermag. Ihre Linien verbinden sich miteinander, formen ein Gewebe, eine Geschichte, beschreiben das Territorium, durch das wir uns bewegen. Wenn sie es so beschreiben, dass wir uns darin zurechtfinden, dass wir unsere Ziele finden und dass wir adäquat handeln können, dann sind sie in diesem Sinne wahr und diese Wahrheit reicht aus. Ob sie auch in einem metaphysischen Sinne wahr sind, ob sie die Welt so abbilden, wie sie wirklich und objektiv ist, ist einerseits irrelevant und andererseits auch von vornherein unmöglich, denn die Welt ist unendlich komplex und in ständiger Veränderung begriffen, und jede Abbildung ist eine Vereinfachung und eine Momentaufnahme.[10]

Wenn ich also sage: Es gibt nichts außerhalb der Natur, dann ist das eine Frage des intellektuellen Blickwinkels, des Sprachgebrauchs.[11] Natürlich besteht alle Materie aus denselben Bausteinen und formt deswegen physikalisch ein Kontinuum, das keinen Unterschied zwischen kosmischen Gasen und Menschen kennt. Aber die Sprache setzt Trennstriche, zeichnet Grenzen auf der Landkarte ein, nennt einen Teil der wahrnehmbaren oder messbaren Phänomene »Natur« und gibt ihm einen gewissen Status und nennt einen anderen Teil »Kultur« und noch eine konzeptuelle Untergruppe »Mensch« und schafft damit eine neue Art von Ordnung in der materiellen Realität. Diese Ordnung setzt sich fest in den Köpfen, sie gräbt tiefe Furchen und wird irgendwann zur ererbten, zur einzigen, zur wirklich wahren Perspektive auf die Welt.[12]

Dieser Tendenz der Sprache kann ein aufgeklärtes Denken eine Verschiebung der Perspektiven entgegensetzen.

Der Blickwinkel eines aufgeklärten Denkens kann immer nur in dem ausgefransten Sinn wahr sein, in dem wissenschaftliche Erklärungsmodelle es sind. Sie können die Welt vorhersagbar und manipulierbar machen, aber sie stoßen immer an die Dunkelheit, enden in Widersprüchen und Absurditäten und, etwa in der Kosmologie, in Beobachtungen, die in keinem Modell zu erklären sind.[13] Es ist gut, sich an den Drachen auf der Landkarte zu erinnern, an die Tatsache, dass Wissenschaft nicht die Wahrheit über die Welt verkündet, sondern nur das beste, will sagen nützlichste Wissen konstruiert, das wir derzeit haben. Auch wissenschaftliche Theorien sind mentale Landkarten, auch in ihnen wohnen Drachen.

Dieses unvollkommene, vorläufige Wissen[14] der Naturwissenschaften hat in den letzten Jahrzehnten einen Paradigmenwechsel erlebt, der darin resultiert, dass natürliche Phänomene (inklusive Homo sapiens) immer stärker von den Systemen her und nicht von seinen Elementen her gedacht werden.

Naturwissenschaftliche Modelle interessieren sich zunehmend für Zusammenhänge, für gegenseitige Abhängigkeiten und Interaktionen, Symbiosen und Kreisläufe, aus denen heraus jedes einzelne Element ganz neu verstanden werden kann.[15] Dieser Perspektivwechsel ändert auch die wissenschaftlichen und philosophischen Blickwinkel auf das Verhältnis zwischen Mensch und Natur. Er besagt, dass die Natur reicher und seltsamer ist, als Menschen bislang begreiflich, dass Menschen nicht über und außerhalb der Natur stehen, sondern dass Homo sapiens symbiotisch in die Natur verstrickt ist, ganz selbst Natur.

So wird die Abschaffung der Natur zur Abschaffung der Begriffskategorie »Natur«, die insofern sinnlos ist, wie schon Spinoza argumentierte, dass alles Natur ist, auch alle Produkte der Menschheit, auch die Städte und die Quantenphysik, Kebabs und Zoos, die Klimakatastrophe, Luftballons, Twitter-Posts, Hinrichtungen und Stillleben. Der Begriff Natur im Gegensatz zur menschlichen Kultur wird so zu einer Unterscheidung, die einen Denkfehler tradiert — den impliziten Glauben nämlich, dass Menschen außerhalb von »der Natur« stehen.[16]

Homo sapiens, so scheint es, ist ein Primat, der sich selbst für etwas hält, was er noch nie war und der noch nicht geworden ist, was er behauptet zu sein. Er oder sie erscheint aus diesem Blickwinkel als ein noch weitgehend unbekanntes Wesen, das über Jahrtausende nach vorwissenschaftlichen Prinzipien gedacht und konstruiert wurde. Gerade in der westlichen Tradition wurde »der Mensch« (als Mann dargestellt) wie eine Art Marmorstatue gesehen: erhaben und schön, nach außen hin abgeschlossen und ganz Herr seiner selbst.[17]

Die Wissenschaft setzt diesem mythologischen Bild ein anderes entgegen: Ein menschlicher Körper enthält etwas mehr nicht-menschliche als menschliche lebende Zellen.[18] Das Bewusstsein, die Persönlichkeit, ihre Stimmung und ihre Intelligenz werden durch die Botenstoffe von Bakterien, Viren, Fungi und anderen Mikroorganismen im Inneren des Körpers erst möglich gemacht. Sie tauschen untereinander Informationen aus und scheinen sogar miteinander gewisse Entwicklungen des Mikrobioms sowie der von ihm produzierten Stoffe zu begünstigen und zu steuern. So wird das Individuum als Erlebnis chemisch genährt und verändert; eine Art inneres Puppentheater.

Statt frei, rational und souverän zu sein, ist Homo sapiens aus der Perspektive der jüngeren Forschung ein ganz anderes Tier: sozial, physisch, biologisch, psychologisch und genetisch porös in ständigem Austausch mit allem um sich herum, in seinen Zielen, Strategien und Verhaltensweisen anderen Organismen bestürzend ähnlich.[19]

Die Anerkennung dieser Ähnlichkeit führt paradoxerweise zu einer anderen Realisierung, nämlich das menschliche Bewusstsein nur als eine von vielen Bewusstseinsformen auf diesem Planeten zu begreifen, eine Art von Intelligenz unter vielen.[20]

Die Herausforderung an Homo sapiens angesichts der Klimakrise liegt darin, ob unsere historisch über kurze Zeit so spektakulär disruptive Spezies sich als Teil der Natur neu entdecken und aus dieser existenziellen Einsicht heraus einmal anders verhalten kann, als es ihr evolutionärer Weg vorzeichnet, indem er oder sie die Imagination, das symbolische Denken und die komplexe Kooperation als Rettungsanker in dieser Strömung in den Abgrund verwendet.[21]

Technologie-Optimist:innen sprechen davon, dass die Klimakrise durch technologische Innovation bewältigt wird, dass die kalte Fusion oder Photovoltaik oder Wasserstoff oder die ultimative Carbon Capture alle Gefahren bannen wird. Einerseits haben sie insofern recht, als enorme kreative Energien gefragt sein werden, die Fähigkeit, sich ein anderes Leben vorzustellen und es sogar zu wollen, die Offenheit, essenzielle Qualitäten in neuen Situationen zu entdecken. Aber das Warten auf die rettende Technologie, die allen erlaubt, so weiterzumachen wie bisher, ist nicht nur erschütternd fantasielos, es ist auch gefährlich einem Hollywood-Film nachempfunden. Und was, wenn drei Minuten vor Schluss der Messias noch immer nicht aufgetaucht ist?

Irgendwann muss Einstein zitiert werden: Probleme kann man niemals mit derselben Denkweise lösen, durch die sie entstanden sind. Das schließt selbstverständlich die Grundannahmen der Aufklärung ein. Es geht also darum, genug intellektuelle Autonomie zu gewinnen, um eine neue Perspektive zu finden, einen Zugang zur Welt, der ein anderes Handeln möglich macht.

Die Abschaffung der Natur ist die Abschaffung eines sprachlichen Unterschieds, einer wahrgenommenen Trennung zwischen der Menschheit und der Welt[22], deren Teil sie ist. Sie ist die Aufforderung zu einer Neubehausung des Menschen und zur Entdeckung des rätselhaften Organismus, der wir sind. Dieses Tier Homo sapiens ist sich selbst noch weitgehend unbekannt[23], verschüttet unter den Mythen der Jahrtausende. Seine Entdeckung ist schmerzhaft, denn wir hängen an diesen Mythen.[24]

1 Färbt oder sogar lenkt Noch ein Wespennest, in das beherzt gegriffen werden muss. Sie determiniert es nicht, aber sie legt neuronale und metaphorische Straßen und sogar Schienenstränge, auf denen man einfach reist, während der Treck durchs Gelände immer langsamer und beschwerlicher ist. Eine Sprache, eine Denktra-

dition, eine Grammatik bietet Worte und Konzepte an, die in anderen Sprachen eine andere Bedeutung haben, eine andere Konnotation, oder die gleich ganz fehlen. All das betoniert das Denken und Handeln von Menschen nicht ein, aber es entwickelt seine eigene Schwerkraft. Es ist einfacher, sich in Worten zu unterhalten, die das Gegenüber auch versteht.

Denis Diderot, mein alter Freund, illustriert diesen Punkt mit einer kleinen Geschichte, die auf eine historische Begebenheit zurückgeht. Der französische Entdeckungsreisende Louis Antoine de Bougainville hatte aus Tahiti und mit dessen Einverständnis einen indigenen Mann namens Aoturu nach Frankreich gebracht und ihn dann tatsächlich auch wieder zurücktransportiert. Diderot stellte sich in seinem wunderbaren Text *Zusatz zu Bougainvilles Reise* vor, was der Aoturu, der sich in Frankreich gelangweilt hatte, große Schwierigkeiten bei der Aussprache des Französischen hatte und von Heimweh geplagt war, zu Hause berichten würde:

» A O Aoturu, wie froh wirst du sein, wenn du deine Mutter, deinen Vater, deine Brüder, deine Schwestern, deine Geliebten, deine Landsleute wiedersiehst! Was wirst du ihnen von uns sagen?

B Nur wenig, und sie werden es nicht glauben.

A Warum nur wenig?

B Weil er nur wenig begriffen hat und seine Sprache keine passenden Ausdrücke für die Dinge findet, von denen er nur eine ungefähre Idee hat.

A Und warum werden sie ihm nicht glauben?

B Weil sie beim Vergleichen ihrer Sitten mit den unsrigen eher Aoturu für einen Lügner halten werden, als uns für so verrückt.« (Diderot, *Philosophische Werke*, S. 161)

Wie kann ich etwas beschreiben, was mir fremd ist, und noch dazu in einer Sprache, die keine Worte dafür hat? Wie erkläre ich eine Reise in einer Kutsche an Menschen, deren Vokabular und Erfahrung keine Idee von Pferden, Rädern oder Straßen hat? Was kann die Sprache, in der ich denke, gut abbilden und was nicht?

2 **»Natur« zum Beispiel** Natürlich war sie zuerst eine feindliche Macht, oder doch auch eine feindliche Macht, denn sie war überwältigend und unvorhersehbar, und jeder überlebte Winter war ein Sieg der menschlichen Planung und Macht gegen die Mächte der Natur. Erst mit der Ro-

mantik — also im Schatten der Wissenschaft und dann mit der Industrialisierung — wurde die Natur zu einem positiven Begriff und zum Sehnsuchtsort. Etwas natürlich zu nennen war bis ins späte 18. Jahrhundert nie etwas Positives und bedeutete meistens Gefahr, auch weil sich eine christliche und dann aufgeklärte Gesellschaft immer so stark als Kultur, als außerhalb und über der Natur und deswegen auch gegen die Natur stehend begriffen hatte. Dieses Verlangen, die Natur zu bezähmen und zu kontrollieren, wie es seit Hobbes auch für das aufgeklärte Denken kennzeichnend ist, ist in der Epoche der fossilen Brennstoffe plötzlich ganz anders möglich geworden, mit immensen Konsequenzen.

3 **Organisch und unberührt scheint** Wie kulturell gebunden die Idee von Natur ist, zeigt Zhao Tingyangs *Alles unter dem Himmel*, eine Untersuchung des chinesischen Begriffs Tianxia (天下), wörtlich übersetzt als: »alles unter dem Himmel«. Tianxia ist ein komplexes Wort mit vielen Bedeutungsschichten, und es beschreibt sowohl die natürliche Welt, ein Herrschaftsgebiet, als auch eine kosmische oder spirituelle Ordnung. Viele dieser Bedeutungen überlappen sich mit

den verschiedenen Facetten des Naturbegriffs, aber eine direkte Entsprechung gibt es nicht.

4 **Die Welt, in der sie leben** Der italienische Dichter Raffaele La Capria beschreibt, wie sehr Sprache einen kulturellen Horizont definieren kann, am Beispiel seiner Heimatstadt Neapel:

»An einem bestimmten Moment, in der nahen Vergangenheit oder vielleicht auch weiter in der Ferne, aus bekannten oder mysteriösen Gründen, gab es eine Blockade. Diese Blockade betrifft nicht nur die Geschichte der Ereignisse, sondern den Prozess des Wachstums der Gesellschaft selbst, sie betrifft die Sprache, die in bestimmten Denkweisen stecken geblieben ist; Wörter, Strukturen, die der neuen Wirklichkeit, die sich zeigt, und den neuen Problemen, die zu bewältigen sind, nicht mehr angemessen sind; sie betrifft die Weltsicht, das Lebensgefühl, die sich abschließen in Nabelschau oder in der Angst vor Veränderung. Das ist typisch für Orte und Gesellschaften, in denen alles schon geschehen ist, und die Beharrung der Vergangenheit stärker ist als die der Gegenwart.« (Raffaele La Capria, *L'armonia perduta*, Milano, 2009, S. 34. Übers. PB)

5 **Überlebenswichtige Debatte** Mit dieser seltsamen, in der Luft hängenden Idee von der menschli-

chen Außergewöhnlichkeit steckt das Denken über den Platz von Homo sapiens in der sogenannten Natur noch immer fest in der Theologie. Dem religiösen Verständnis nach sind Menschen außergewöhnlich, haben ein ganz eigenes Schicksal, eine Mission, eine Reihe von definierten Pflichten, Ritualen und Hoffnungen, die sie von »der Natur« unterscheiden. Ohne die Religion im Hintergrund und im Lichte der neueren Forschung wird es immer schwieriger, diese Sonderstellung zu argumentieren.

6 **Immense Idee** Jonathan Israel hat im Prinzip ein gigantisches, vierbändiges Werk über die Geschichte der Aufklärung darauf verwendet, zu beweisen und darzustellen, wie sehr Spinoza gewissermaßen die ursprüngliche Quelle, das begründende Genie der Aufklärung war. Diese These hat einiges für sich, auch wenn Israel sie vielleicht zu stark forciert. Trotzdem wirft es ein interessantes Licht auf die Geschichte des aufgeklärten Denkens. Der vielleicht originellste Kopf des 17. Jahrhunderts war *nota bene* ein Außenseiter in der christlich geprägten Landschaft der Aufklärung, der eine neue, in diesem Fall an der rabbinischen Tradition geschulte

Perspektive zu den großen Debatten seiner Zeit brachte. Der resultierende Funkenregen wurde zwar bewusst kompliziert und wenig lesefreundlich geschrieben, wohl um Schwierigkeiten mit den Behörden aus dem Weg zu gehen, aber er leuchtete doch so hell, dass er noch jahrhundertelang Feuer entfachte. Gleichzeitig war dieser immens menschenfreundliche, illusionslose und bei aller Behutsamkeit mörderisch kühne Denker in seiner Argumentation so entwaffnend, dass ihm mit logischen Mitteln nicht beizukommen war, was den Hass seiner Gegner noch intensiver machte.

7 *Wir sind Natur* Das heißt auch, wir sind Primaten. Aber es geht weit darüber hinaus. Alles, was Menschen schaffen, ist Natur, Teil evolutionärer Prozesse, einer emergenten evolutionären Intelligenz, die sich in immer komplexeren Lebensformen ausdrückt, schöpferisch, verschwenderisch, erfinderisch und tödlich wie Dionysos, wie Shiva. Das heißt: Wir sind natürliche Organismen, die von immensen Systemen abhängen und selbst solche Systeme sind, Gewebe von einer Komplexität, die noch keine von Menschen erfundene Theorie oder Maschine auch nur annähernd erfassen kann.

8 **Die Quintessenz einer neuen Aufklärung** Hier muss eine neue Aufklärung die Debatten der ersten Aufklärung besonders kritisch beleuchten. Das Denken über die Natur ist im 17. und 18. Jahrhundert noch ganz von einer vorindustriellen Logik geprägt, die weit in die Religion zurückreicht und derzufolge die Natur eine wilde Bedrohung ist, die unterworfen werden muss, und deren Ressourcen unendlich zur Verfügung stehen. Ökologisches Denken begann eigentlich erst mit der einsetzenden Industriellen Revolution, gewissermaßen als Begleiterscheinung einer dramatisch ausgeweiteten Zerstörung der Natur. Nach 300 Jahren Naturwissenschaft kann aufgeklärtes Denken heute Menschen nur als Teile natürlicher Systeme und Prozesse begreifen.

9 **Wahrheit** Es kommt immer auf den Wahrheitsbegriff an, und im Gegensatz zu vielen Exponenten der Aufklärung (insbesondere denen, die Philosophie und Glauben vereinbaren wollten) plädiere ich hier für einen schwachen Wahrheitsbegriff. Historische Wahrheit ist ein gutes Beispiel. Jede neue Generation von Historiker:innen kämmt die Geschichte neu durch, schafft neue Narrative und Wahrheiten.

Wichtig dabei ist der Unterschied zwischen der Vergangenheit und der Geschichte. Die Vergangenheit ist alles, was irgendwann mal passiert ist, die Gesamtheit aller Fakten der Welt vor diesem Moment. Die meisten dieser Fakten sind für die Geschichtswissenschaft entweder uninteressant oder unbeweisbar, unwiederbringlich verloren. Was übrig bleibt oder mit neuen Methoden gelernt werden kann, ist der Grundstoff für die großen Erzählungen über die Vergangenheit. So entsteht aus den lückenhaften, aber realen Fakten eine Verknüpfung, eine Erzählung, eine Interpretation: die Geschichte. Wenn neue Fakten gefunden oder alte neu bewertet, mit einem neuen Leseraster gelesen werden, dann verändert sich auch die Wahrheit der Geschichte.

10 Momentaufnahme Hier ist Hans Vaihingers Philosophie sehr erhellend. Obwohl bestimmte Ideen nachweislich falsch sind, können sie doch zu sinnvollen Handlungen führen. Es ist also zielführend, sie zu behandeln, als ob sie wahr wären. Kwame Anthony Appiah hat diesen Gedanken kürzlich aufgenommen und in seinem Buch *As If* (2017) ausgeführt und gibt Vaihingers deutschem Idealismus eine charakteristisch

kosmopolitische Wendung: »Once we come to see that many of our best theories are idealizations, we will also see why our best chance of understanding the world must be to have a plurality of ways of thinking about it.« (Appiah, S. X)

11 **Sprachgebrauch** Corine Pelluchon verfolgt eine ähnliche Richtung: »Wenn auch die traditionellen Motive [der Aufklärung wie der Kampf gegen] der Unterdrückung und Herrschaft wie Aberglaube, Vorurteile, Stereotypen und Ignoranz noch immer aktuell sind, heißt Aufgeklärt-Sein im Zeitalter des Lebendigen vor allem, sich von bestimmten überkommenen Repräsentationen im Bezug auf den Platz des Menschen in der Natur und seine Beziehung zu anderen Arten zu befreien.« (Pelluchon, S. 122. Übers. PB)

12 **Perspektive auf die Welt** Es ist ein immer noch weit verbreiteter Irrtum, dass Worte bestehen, weil sie etwas Wahres, etwas, was es bereits gibt, beschreiben. Das offensichtliche Beispiel hierfür wäre Gott, aber es ist gar nicht notwendig, so weit zu gehen. Schon scheinbar unschuldige und alltägliche Worte wie »Körper«, »Geist« oder »Psyche« (ganz zu schweigen von »Seele«), »Mensch« und »Tier«, »gut« und »böse« zeigen, dass Jahrhunderte von Verständnisproblemen

aus einem Vokabular resultieren können, das religiöse oder andere Annahmen transportiert, die längst überholt sind. Die binäre Wirklichkeit, die von diesen Worten aufgebaut wird, schafft Abstraktionen und Unterscheidungen, die keine Entsprechung in der Erfahrung haben. Es gibt keine Psyche ohne Körper, genauso wenig wie es reine Farben oder Formen gibt. Sie bestehen als Worte, als Denkkonstrukte, nicht aber als Inhalte der Wahrnehmung, nur wird die Wahrnehmung durch diese Abstraktionen aufgespalten, wenn sie in Sprache gefasst wird.

13 **In keinem Modell zu erklären sind** Das ist das Beglückende an der Wissenschaft. Aus Linien, die in die Leere gezeichnet wurden, werden Koordinaten auf mentalen Landkarten, die abbilden, was beobachtet werden kann. Dies ist etwas anderes als die offenbarte Wahrheit. Es ist die beste Landkarte, bis eine bessere kommt. Um die bessere zu finden, ist es nötig, die Konzentration auf die weißen Flecken auf der Landkarte zu richten, die unerforschten Orte, an denen die Drachen wohnen. Nur wenn es gelingt, unerklärliche Phänomene in die Karte einzugliedern, kann aus diesen neuen Erklärungen ein

neuer Weg auf der Karte entstehen, oder vielleicht eine neue Karte.

Besonders in der Kosmologie treffen gegenwärtig wissenschaftliche Theorien vom Ursprung des Universums und von seiner Beschaffenheit immer wieder an ihre Grenzen, weil sie sich entweder durch Beobachtung nicht beweisen lassen oder weil Beobachtungen wie zum Beispiel die des Webb-Teleskops sich mit den gängigen Theorien nicht erklären lassen, was darauf hindeutet, dass hier noch große Durchbrüche zu erwarten sind. Die Notwendigkeit, störrische Phänomene in mathematische Modelle zu integrieren, kann aber auch zu erstaunlichen Annahmen verleiten. Kosmolog:innen gehen inzwischen davon aus, dass 95 % (also eine ganze Menge) der Materie im Universum aus »dunkler Materie« bestehen, die nicht mit anderer Materie interagiert und deswegen auch bislang nicht experimentell nachweisbar ist. Großversuche im Weltall und in stillgelegten Bergwerken auf der Erde sollen die Echos ihrer Existenz einfangen. Es lohnt sich dabei, nicht zu vergessen, dass die dunkle Materie eine reine Rechenannahme ist, damit Gleichungen, die die Verteilung der Gravitation im Universum abbilden sollen, funktionieren. Nur wenn man die Existenz der dunklen Materie annimmt, gehen sie auf und die Massenverteilung und Ausdehnung des beobachtbaren Universums lassen sich erklären, wenn nicht, dann nicht. Also lebt man lieber damit, dass wir den größten Teil der materiellen Welt nicht einmal wahrnehmen, geschweige denn verstehen können, damit die Gleichungen aufgehen.

Ganz unabhängig davon, ob dunkle Materie besteht und ob sie jemals nachgewiesen wird: So wunderbar absurd und so tollkühn kann wissenschaftliches Denken sein.

14 Vorläufiges Wissen Diese Vorläufigkeit ist sozusagen der Preis für die Befreiung von der offenbarten Wahrheit. Die universellen Wahrheiten und metaphysischen Urteile, die Philosophen in gewichtigen Bänden systematisiert haben, halten einer an der Moderne und ihrer Geschichte geschulten Perspektive und einer dekolonisierten Ethik nicht mehr stand.

15 Ganz neu verstanden werden kann Vielleicht markiert diese wissenschaftliche Änderung der Perspektive auch eine kulturelle, denn sie fällt erstaunlich akkurat mit der Moderne zusammen. Heisenbergs Quantenphysik und Einsteins

Relativitätstheorie waren die ersten wissenschaftlichen Theoriegebäude, die ganz auf Kontext, System und die Wichtigkeit der Rolle und Position des Beobachters konzentriert waren.

Eine Aussage über ein bestimmtes Phänomen setzt die Beschreibung des Systems und seines konkreten Zustands voraus. Wenn ich nach Newtons Physik verstehen will, was ein fallender Gegenstand in einem Vakuum tut, dann beschreibt das ein Gesetz, das über alle Objekte in allen Vakuen spricht und jedes einzelne Ereignis genau beschreiben und vorhersagen kann. Wenn ich Position und Impuls eines Elektrons nach der Quantentheorie bestimmen will, kann ich nur aufgrund des konkreten Zustands des gesamten Systems eine Wahrscheinlichkeitsaussage treffen, wissend, dass schon der Akt der Messung das System beeinflusst hat, dass die Realität ohne Messung eben nicht messbar ist und mit Messung nicht mehr real. Diese Subjektivierung der Wissenschaft bedeutet übrigens nicht, dass diese Theorien bestreiten, dass es Fakten gibt, sondern nur, dass der Akt der Beobachtung jener Fakten und die Art ihrer Beschreibung immer schon eine Art von Übersetzung und Interpretation einer Wirklichkeit ist, die nicht unsere Sprache spricht.

16 Außerhalb von »der Natur« stehen Ich habe diesem faszinierenden und folgenreichen Missverständnis und seiner Biografie ein Buch gewidmet: *Die Unterwerfung — Anfang und Ende der menschlichen Herrschaft über die Natur*.

17 Herr seiner selbst Es gibt bekanntlich viele Wege nach Rom. In *Lumières a l'âge du vivant* kommt Corine Pelluchon zu einer sehr ähnlichen Schlussfolgerung über die Beziehung zwischen Menschen und der sie umgebenden Welt und besonders den Lebewesen darin. Allerdings argumentiert sie nicht von naturwissenschaftlichen Beobachtungen und Modellen her, sondern von der Phänomenologie in der Nachfolge des deutschen Philosophen Edmund Husserl.

18 Menschliche lebende Zellen Etwa 39 Billionen nonhumane gegenüber 30 Billionen humanen Zellen. In unserem Inneren leben immense, kommunizierende Gemeinschaften aus Zehntausenden von verschiedenen Spezies, deren Aktivität auf jeden Aspekt der menschlichen Existenz einen entscheidenden Einfluss hat. Zugegeben, das schafft ein etwas ungewöhnliches Bild.

19 **Bestürzend ähnlich** Die Klimakrise kommt ja gerade daher, dass Homo sapiens exakt dasselbe tut wie Hefe in einer zuckrigen Lösung, Hasen in Australien oder Seesterne in aufgeheizten Ozeanen: Sie fressen alles, was sie vor sich haben, ihre Zahlen explodieren — und implodieren dann. Nach der stupenden Geschichte der menschlichen Zivilisation scheint das kein schmeichelhafter Vergleich, aber obwohl es individuelle, leuchtende Ausnahmen gibt, verhält sich unsere Spezies exakt so wie andere auch. Corine Pelluchon kommt auf eine elegante Formel: »Die neue Aufklärung unterscheidet sich von der der Vergangenheit dadurch, dass sie der Idee der Transparenz des Subjekts für sich selbst entsagt.« (Pelluchon, S. 131. Übers. PB)

20 **Eine Intelligenz unter vielen** Das Erbe von René Descartes (1596–1659), der schrieb, dass Tiere keine Seele, keine Gefühle und keine Persönlichkeit hätten, zieht sich in der Wissenschaft bis zu dem Verhaltenswissenschaftler B. F. Skinner (1904–1990), der Tiere als mechanisch programmierbare Verhaltensmaschinen beschrieb und ein rein mechanisches System von Belohnungen und Strafen schuf, um das Verhalten von Versuchstieren mittels Elektroschocks und

Aushungern zu verändern. Erst eine neue Generation von Wissenschaftler:innen wie Jane Goodall und Frans de Waal zeigte ein Interesse für Intelligenz, Persönlichkeit, moralische Prioritäten und Erfahrungshorizonte anderer Tiere. Dieser neue Zugang zu ihrem Innenleben und die Neubewertung der Unterschiede und Gemeinsamkeiten zwischen Homo sapiens und ihnen denkt viel mehr an graduelle, kleine Differenzen, die enorme kumulative Effekte haben und zu völlig anderen Resultaten führen, vergleichbar mit der Erfindung der Schrift für Homo sapiens.

Noch im 19. Jahrhundert argumentierten Forscher wie William Galton, dass Menschen, die in nicht alphabetisierten Gesellschaften lebten, tatsächlich eine andere, niedere Spezies Mensch bilden. Der Gebrauch abstrakter Zeichen zur Übermittlung komplexer Bilder und Gedanken über alle zeitlichen und räumlichen Entfernungen ist ein kleiner Unterschied, der aber »Homo scrivens« als eine andere Art erscheinen ließ, was Wissenschaftler durch Schädelmessungen etc. versuchten nachzuweisen.

Heute geht die Forschung in die andere Richtung und beschäftigt sich nicht nur mit

Gemeinsamkeiten, sondern auch mit der Idee, dass andere Tiere aufgrund ihrer völlig anderen Physiologie, anderer Wahrnehmung und anderer Lebensräume genuin andere Arten von Intelligenz und Bewusstsein entwickelt haben, die von Menschen auch deswegen so schlecht verstanden werden, weil sie nach menschlichen Maßstäben gemessen werden. Siehe auch Frans de Waal, *Are We Smart Enough to Know How Smart Animals Are?* oder Ed Young, *An Immense World*.

21 Als Rettungsanker verwendet Ist es einem Tier möglich, sich anders zu verhalten, als seine evolutionäre Prägung diktiert, und zwar nicht einzeln, sondern kollektiv? Das scheint ein faszinierendes Experiment mit offenem Ausgang. Die Aussichten sind nicht völlig düster. Nicht nur ist Homo sapiens ein Primat, der die Flexibilität und Anpassungsfähigkeit an verschiedene Umstände durch symbolisches Denken und gemeinsame Narrative zu einer eigenen Kunstform erhoben hat, auch andere Tierarten können ihr Verhalten und ihren Stoffwechsel zeitweise oder sogar über Generationen an veränderte Umstände anpassen. Vielleicht könnte der Herdentrieb, der Menschen zu so unaufgeklärten Stämmen macht, im Rahmen einer

positiven Transformation auch bedeuten, dass neue Lebensformen letztendlich einfach angenommen werden, wenn sie eine neue soziale Norm darstellen, die erfüllt werden muss, um Teil der Gemeinschaft zu sein. Gewohnheiten und Prioritäten können sich erstaunlich schnell ändern. Vor nur einer Generation war es für viele Menschen undenkbar, dass Rauchen in öffentlichen Räumen verboten würde. Heute scheint es schwer zu sein, sich das Gegenteil vorzustellen, und das sogar für diejenigen, die sich in den alten, verrauchten Lokalen, Bars, Restaurants und Zügen wohlgefühlt hatten.

22 Trennung zwischen der Menschheit und der Welt Aber bleibt sie nicht trotzdem? Habe ich nicht dennoch das deutliche Gefühl, anders zu sein als ein Tier? Selbstverständlich, so anders, wie das Tier von dir ist. Hier wird Montaignes Frage schlagend, der sich wunderte, als er mit seiner Katze spielte, ob er sich mit der Katze die Zeit vertrieb, oder sie sich mit ihm.

23 Weitgehend unbekannt Es ist wirklich erstaunlich, wie wenig wir noch über Homo sapiens und seine/ihre Bedürfnisse wissen, obwohl wir doch über Jahrtausende miteinander gelebt haben. Das ist ein Beleg für die Beobachtung, dass

Menschen mehr dem metaphorischen System oder der Geschichte glauben, in der sie leben, als der eigenen Beobachtung — siehe Descartes' Hund. Allein die Behandlung und Erziehung von Kindern zeugt davon, dass zumindest das Wissen, das in gedruckter Form über Erziehung zirkulierte (also meistens männliches, patriarchales Wissen, denn Frauen schrieben weniger Bücher über Kindererziehung), dass Kinder als defizitäre Erwachsene gesehen wurden, deren irrationaler Wille gebrochen und geformt werden musste. Die Einsicht, dass Kinder einfach ein anderes Hirn haben, andere Synapsen und Hormone, andere Bedürfnisse als Erwachsene, ist erst im 20. Jahrhundert in der Fachliteratur und den Institutionen für Lehrerausbildung angekommen. Durchgesetzt hat es sich noch lange nicht.

24 **Wir hängen an diesen Mythen** Wie John Maynard Keynes bemerkte: »*The difficulty lies not so much in developing new ideas, but in escaping the old ones*«. Die Tendenz unserer Erwartungen ist meist linear: Die Zukunft wird mehr oder weniger so sein wie die Welt heute. Dass sie ganz anders sein könnte, so wie die Industriegesellschaft im Verhältnis zur Agrargesellschaft, wie das Leben im

Kapitalismus zum Leben davor und vielleicht sogar danach — so viel Neues zu denken fällt jedem Kopf schwer. Nicht nur das: Wir haben auch viel investiert in unsere Wahrheiten, unsere jeweilige Version von der Welt: moralische Rechtfertigung, persönliche Glaubwürdigkeit, ertragenes Leid, erfahrene Ehre, das Gefühl, auf der richtigen Seite zu stehen.

Ein Angriff gegen diese Version der Welt ist deswegen immer ein Angriff gegen die intimsten persönlichsten Bedürfnisse ihrer Verfechter. Es ist wichtig, sich über die enormen emotionalen Kosten im Klaren zu sein, die eine Veränderung der persönlichen Perspektive mit sich bringt. Von ganzen Gesellschaften zu erwarten, ein erfolgreiches Rezept für Wohlstand, eine offensive moralische Überlegenheit und die Privilegien wegzuwerfen, zeugt von großem Optimismus, um nicht zu sagen Naivität.

Das Narrativ, in das so intensiv investiert wurde, oft über viele Generationen hinweg, ist tief verwurzelt und es wird sich verteidigen, solange es kann. Das war im Zuge der Aufklärung so, als die katholische Kirche alle Geschütze auffuhr, um die Freidenker klein zu halten oder ihre Bücher und sie in Flammen aufgehen zu lassen. (Übrigens konnten die protestantischen Machthaber der Zeit genauso grimmig und brutal sein und das Schicksal von Baruch Spinoza oder auch Uriel da Costa zeigt dieselbe Brutalität in einer jüdischen Gemeinde, und so weiter, aus jeder Religion und jedem ideologischen Kader ließen sich weitere Beispiele zitieren.)

Heute hat sich das Narrativ geändert und es wird von anderen, vielleicht weniger sichtbaren Institutionen getragen, aber die Beharrungskräfte sind dieselben geblieben. Das Narrativ der menschlichen Sonderstellung, des ewigen Wachstums, des Fortschritts, ist nicht nur Inspiration von Hollywood-Filmen und anderen modernen Mythen geworden, sondern auch zur Grundlage von wissenschaftlichen Arbeiten und Ordnungssystemen, von wirtschaftlichen Theorien und industrieller Praxis. Es ist so allgegenwärtig, dass es alternativlos scheint und unsichtbar, so wie der alten Geschichte nach Fische keine Ahnung haben, was Wasser ist. Dieses Wasser zu verlassen ist ein echter evolutionärer Sprung. Das Begreifen, was Wasser ist und dass wir alle drin schwimmen, ist zumindest ein erster Schritt.

Das Narrativ,
in das so intensiv
investiert wurde,
oft über viele
Generationen hinweg,
ist tief verwurzelt
und es wird sich
verteidigen, solange
es kann.

6

Geerdet

Ein Geschichten erträumender Primat[1], verstrickt in die endlos komplexen Systeme der Natur, auf der Suche nach Bezogenheit und Ankommen[2] und doch fähig, aus seinen Träumen neue (auch katastrophale) Wirklichkeiten[3] zu generieren: Das wäre eine naturwissenschaftlich inspirierte, aufklärerische Perspektive auf Homo sapiens.[4] Und die hat Konsequenzen, für Selbstverständnis und Menschenbild, für Politik und Solidarität, für Wirtschaften und die Idee einer lebenswerten Zukunft.[5]

Die Träume dieser Primaten, ihre kognitiven Fähigkeiten und biologischen Rhythmen sind in keiner Weise an das exponentielle Wachstum der technologischen Potenziale angepasst und werden so effizienter denn je von kleinen Gruppen von Artgenossen ausgeschöpft und zu Geld gemacht.[6] Eine aufwändige Kulisse ist aufgebaut, die Szene ist perfekt manikürt, um ihn und sie davon zu überzeugen, dass alles Glück in dieser Gated Community liegt, im kommerziell erschlossenen, immer häufiger digitalen Raum, und dass sie die einzig wünschenswerte, einzig mögliche und beste Wirklichkeit ist.[7]

Die alles durchdringende Präsenz der Artificial Intelligence wird diese Tendenz immens verstärken, auch durch die Erosion menschlicher Kompetenzen in einer durch KI und Apps gesteuerten Version der Realität.[8] Das, ganz abgesehen von gewaltsamer politischer Unterdrückung und kippenden natürlichen Systemen, ist eine Herausforderung nicht nur für eine neue Aufklärung, sondern für die Menschheit.

Der Widerstand gegen die Selbstvergessenheit, Abgelenktheit und Infantilisierung des hyperkapitalistischen Konsums[9] und seiner Scheinwelten ist schwer, weil seine Realität so allumfassend, seine Kommunikation so effizient ist, dass sie nicht nur den gesamten öffentlichen Raum durchdringt, sondern auch die private Zeit mit Interaktionen, mit Devices und ihren Handels- und Denkmustern sowie Bildern füllt.

Es wird also umso wichtiger, genug analytischen Abstand, einen persönlichen Ruhepunkt zu gewinnen, um sich einen vorläufigen Standpunkt in dieser fließenden Welt sichern zu können. Dieses persönliche

Projekt ist ein sehr aufgeklärtes Streben nach intellektueller und emotionaler Emanzipation und vielleicht sogar Autonomie.

Die beste und vielleicht einzige Möglichkeit, der virtuellen Bodenlosigkeit zu begegnen, ist ein analoges, unmittelbares, strukturiertes körperliches Erleben, eine tägliche Praxis.[10] Um nicht aufgesogen zu werden von der schimmernden Fata Morgana, ist es entscheidend, auf die erste mögliche Erfahrung, das eigene körperliche, sinnliche Sein zu bestehen[11] und das zu vertiefen, zu intensivieren durch ein dauerndes Erforschen und Erfahren der eigenen konkreten Verortung und der eigenen Verstricktheiten, eine Ausweitung der eigenen Autonomie durch körperliche Übung, Technik, Wiederholung, Flow. Es geht darum, etwas Schweres zu tun, weil es schwer ist, aber auch, weil es schön ist, endlos ist, ein Anker in der analogen Welt und ein Paar Flügel in der imaginären.

Diese Disziplin[12] fängt an mit dem eigenen, körperlichen Erleben und verbindet alle, die sie praktizieren, mit immer größer werdenden Ringen der geteilten Sprachen, des emphatischen Verstehens und dem von allen Menschen geteilten Begehren nach Sinn.[13] Aus der selbst gewählten Aufgabe wächst so etwas wie Gemeinschaft mit Zeitgenossinnen und Zeitgenossen, aber auch mit den Toten und noch nicht Lebenden, die Teil einer größeren Geschichte, eines geteilten Handwerks, einer gemeinsamen Leidenschaft und damit auch einer verstärkten Solidarität sein können.[14]

Eine autonom gewählte Lebensaufgabe der sich weitenden Horizonte, des sich vertiefenden Verständnisses und sozialen Engagements sowie des körperlichen Erlebens ist einerseits ein erotischer Prozess, denn es geht um Sinnlichkeit, Faszination, Bezogenheit, Körperlichkeit, Aufmerksamkeit, Berührung. Andererseits aber ist dieser Weg auch eine Auseinandersetzung mit der Sterblichkeit, denn sie beobachtet und bewohnt den eigenen erblühenden, reifen, kranken, lüsternen, sich transformierenden und alternden Körper in seinen Interaktionen und die emotionalen und intellektuellen Horizonte, die damit entstehen und vergehen und die im Laufe der Praxis tiefer und mit weniger Geräusch erfahren und erkundet werden können.[15]

Einsatz, Engagement durch alle Schwierigkeiten hindurch, schafft eine Struktur, eine narrative Form.[16] Diese persönlichen Narrative können Teil einer neuen kollektiven Geschichte werden, Striche auf einer neuen Landkarte, die von zahllosen Händen gezeichnet wird.[17] Diese neue Geschichte situiert die Menschheit und ihr Schicksal mitten in der allumfassenden Natur, ein Bewohner der kritischen Zone unter vielen, der nur für sich selbst etwas Einzigartiges, Unwiederbringliches, Wichtiges ist. Das ist aber auch genug, um aus jenem Erleben eine Geschichte zu spinnen, das Narrativ einer möglichen Zukunft, ohne das es keine soziale Hoffnung geben kann — und damit keine Gesellschaft.[18]

Bruno Latour schlägt vor, dem entfremdeten, entwurzelten Menschen der Moderne die Erdung zu ermöglichen, also nicht nur die konkrete Verortung, sondern das Ankommen im System Erde, einem Planeten, der wie ein gigantischer Organismus zu leben scheint, auf Gaia mit dem ganzen ambivalenten mystischen Gepäck, das dieser Name mit sich bringt, denn er gehörte ursprünglich der Erd- und Muttergottheit des antiken Griechenland.[19]

Gleichzeitig ist diese Erdung aber auch ganz und gar wissenschaftlich zu verstehen. Der burgundische Winzersohn Latour war aufgewachsen mit dem Konzept des *terroir*, des einzigartigen Charakters eines einzelnen Weingartens, ein Resultat seiner Bodenbeschaffenheit, klimatischer Bedingungen, lokaler Praktiken und Traditionen, Biodiversität und Bodengesundheit. Erst dieses Terroir gibt einem Wein seine Persönlichkeit. In einer Handvoll guter Erde leben so viele Individuen, wie Menschen auf der Erde leben, und jede Handvoll hat ihre eigene Signatur, eine einzigartige Symbiose verschiedener Organismen, und jede dieser Galaxien ist ein kommunizierendes Gefäß, ein Akteur in einem gigantischen Netz von Beziehungen, das wir lange »die Natur« genannt haben.

Wie animistische Mythen immer wieder bildlich machen: Die Beziehungen gehen vom Kleinsten bis ins Größte, vom Saatkorn bis zum kosmischen Drama, aber die Regeln bleiben durch alle Größenordnungen die gleichen, es geht stets um die unsichtbaren Fäden, die alle Akteure miteinander verbinden, durch die sie alle mit der Erde verbunden sind. Auf der Erde ankommen heißt: Den eigenen Ort finden, das *terroir* des Menschseins.[20]

All dies hat nichts mit Esoterik zu tun. Die systemische Konzeption der Prozesse auf diesem Planeten ist ein naturwissenschaftlicher Zugang, der eine Entsprechung darin findet, dass auch andere Kulturen ihre Lebenszusammenhänge systemisch begriffen, indem sie animistisch dachten, in Beziehungen und Abhängigkeiten.

Die Intuition der Verstricktheit ist wieder wertvoll geworden für ein realistisches Verständnis der *condition humaine*. Das Vokabular, in dem diese Intuition ausgedrückt wird, hat sich allerdings radikal verändert. Anstatt einer endlosen animistischen Seifenoper göttlicher Eifersuchtsdramen und Ursprungsmythen oder anderer, esoterisch besetzter und weihrauchgeschwängerter Bilder und Metaphern hat sich die Einsicht der menschlichen Verstricktheit jetzt in den Wortschatz der Naturwissenschaft gekleidet. Anstatt von Göttern und Göttinnen sprechen wir über CO2 in der Atmosphäre, über Ökosysteme, die zusammenbrechende Biodiversität und den Urknall, aber auch über das endlose Wunder des Gehirns und des Bewusstseins, die emergenten Eigenschaften in der Evolution, über den Reichtum des Lebens, das Mysterium der Kosmologie. Die Sprache ist neu, die Annahme der existenziellen Verstricktheit ist so alt wie das menschliche Denken. Wer nimmt, muss auch geben.

Es schafft ein falsches Bild, schreibt Latour, wenn Menschen darüber sprechen, dass sie »auf der Erde« leben, gewissermaßen die Füße im Staub und den Kopf hoch erhoben, eine Herrschaftsperspektive. Stattdessen schlägt er vor, dass Menschen lernen, sich als Bewohner der kritischen Zone zu begreifen:

»Von außen, aus dem All betrachtet, ist die zerbrechliche, nur wenige Kilometer dünne Oberfläche der kritischen Zone kaum sichtbar. Sie ist nicht mehr als ein Firnis, eine dünne Schicht, ein Film, ein Biofilm. Und dennoch: Solange wir noch keine anderen Welten entdeckt und Kontakt zu ihnen aufgenommen haben, ist sie für uns der einzige Ort, auf dem es jemals Leben gab. Sie bildet die Gesamtheit unserer begrenzten Welt, die wir uns als Haut vorstellen müssen: die Haut der Erde — verletzlich, komplex, kitzlig, reaktiv. Sie ist unser aller Lebensraum — für Einzeller, Pflanzen, Insekten, Tiere oder Menschen.«[21]

Die ephemeren menschlichen Bewohner:innen der kritischen Zone erleben ihre sinnlose und zufällige Existenz als ein Drama von kosmischer Bedeutung, auch wenn sie diese Bedeutung selbst erfunden haben. Die Empirie der Aufklärung aber führt direkt in ein materielles und gottloses, sinnloses Universum[22] und feiert diese Mordtat als Befreiung.[23]

Schwindelig von ihrer Tat bedürfen die technologisch entfesselten Gottesmörder der Erdung, es muss ihnen möglich sein, anzukommen in einer Welt, die sie zerstören, ohne sie zu verstehen, die aber ihre einzige Heimat ist.

In einer beispiellosen historischen Krise brauchen denkende Menschen für diese Transformation nicht nur wissenschaftliche Modelle, sondern auch Bilder und Narrative und noch etwas, an dem das gesamte Projekt scheitern könnte: Wir brauchen Zeit.

Die technologische Evolution lässt biologische Evolution weit hinter sich. Die Hirne von Homo sapiens sind noch nicht vorbereitet auf die Welt, die wir geschaffen haben und in der wir leben werden. Wir stehen vor der Leere, vor einer Zukunft, die durch kein narratives Schema der Vergangenheit zu beschreiben ist, es sei denn, wir denken an Goethes heillos überforderten Zauberlehrling: »Die Geister, die ich rief, die werd' ich nicht mehr los.«

Durch den Zusammenbruch des liberalen Evangeliums vom endlosen Wachstum, dem unausweichlichen Sieg der Vernunft und von Wandel durch Handel entsteht ein narratives Vakuum, das keine positive Zukunft zulässt. Andere Geschichten stoßen in diesen Raum, um ihn auszufüllen. Sie bieten Erklärungen und finden Sündenböcke, machen Versprechen von ewigem Wohlstand und Überlegenheit. Die Klimakatastrophe und die menschlichen Antworten darauf werden die nächsten Jahrzehnte und wohl auch Jahrhunderte bestimmen. Das wird den Druck auf Demokratien, globale Wirtschaftsketten und stabile Gesellschaften erhöhen, denn je akuter die Krise wird, desto verführerischer klingen die einfachen Antworten. Die Zukunft wird auch ein Krieg der Geschichten sein.

Welche Geschichte aus diesem Krieg siegreich hervorgeht, ist noch nicht entschieden und wird vielleicht auf Jahrzehnte nicht zu bestimmen sein. Es wird viel davon abhängen, wer die stärksten Erzähler sein werden.

Die hier vorgeschlagene Lesart der Gegenwart sieht die einzige Möglichkeit des luziden Denkens und konstruktiven Handelns darin, anhand der besten wissenschaftlichen Modelle und der Erkundung des eigenen, körperlichen Menschseins mentale Landkarten zu zeichnen, die Menschen in der kritischen Zone verorten.[24]

Das ist mehr eine Herausforderung als eine Antwort, aber es ist zumindest keine bequeme Lüge. Es heißt auch, dass moralische Urteile keine metaphysische Absicherung haben und dass ich trotzdem handeln muss, als ob es der Fall wäre, denn im Krieg der Geschichten wird mit harten Bandagen gekämpft. Und wenn die falsche Geschichte gewinnt oder sich zu lange und an den Orten der Macht behauptet, wird Grausamkeit zur Tagespolitik und die Klimakatastrophe zu einer Parade von apokalyptischen Reitern. Es ist immer richtig, sich dafür zu engagieren, dass die Welt weniger grausam wird, auch wenn ich diesen Hut an keinen metaphysischen Nagel hängen kann.

Das aufklärerische Motto *liberté — égalité — fraternité* muss im 21. Jahrhundert neu interpretiert werden. Aus der Freiheit der Aufklärung wird ein Versuch der Autonomie im Zeitalter des Stammesdenkens und der virtuell generierten Wirklichkeiten. Der politische Kampfruf der Gleichheit und der Menschenrechte kann und muss viel weiter interpretiert werden und andere Akteure der kritischen Zone in die gemeinsame Fiktion mit einbeziehen, die Brüderlichkeit wird zu einer notwendigen globalen Solidarität, die in Systemen denkt.

Das sind Ziele, Leitsterne für persönliches und politisches Handeln. Um sie aber in tatsächliche Transformation zu übersetzen, bedarf es einer neuen kulturellen Erzählung.

Diese neue Erzählung beginnt mit der Anerkennung der menschlichen Position in der Natur, als Natur, unendlich verstrickt und konkret verortet. Die Erdung berührt das beschädigte, verletzte Leben und die Landschaft jenseits der kommerziellen Projektion, eine Landschaft, deren Schäden als eigene Wunden verstanden werden können. So kann so etwas wie Heilung beginnen.

Dieses Ankommen auf der *Terra incognita* ist die Herausforderung einer neuen Aufklärung. Es ist eine Zumutung und eine Befreiung. Dieses Ethos beginnt als ganz empirisches Unterfangen, ein Weltverständnis auf Basis wissenschaftlicher Modelle und Theorien zu bilden und damit auf bessere Technologien, Prozesse, Gesellschaften, auf ökologisches Gleichgewicht zu zielen. Zu diesem empirischen Wissen kommen notwendige Fiktionen wie Gleichheit und Menschenrechte, ohne die das Wissen orientierungslos wäre.

Aber eine neue Aufklärung ist auch eine philosophische Praxis, das Erlernen des geschickten Umgangs mit notwendigen Fiktionen, das Zeichnen neuer Landkarten. Es ist der Versuch, von der mentalen Geografie der *Songlines* zu lernen, die australischen Aborigines erlauben, über riesige Strecken durch ihr Land zu reisen, indem sie Geschichten erzählen, das Land selbst und ihren Ort darin durch ihren Gesang zum Leben erwecken. Unsere Zivilisation wird ihre eigenen *Songlines* brauchen, um durch die kommenden Krisen zu navigieren, um der Illusionsmaschine zu entkommen und die eigene Verstricktheit in der Welt zum Leben zu erwecken, Orientierung zu ermöglichen, sogar eine Art von Sinn.

1 Geschichten erträumender Primat Erträumen auch andere Tiere Geschichten? Viele Tiere geben alle äußeren Anzeichen für narrative Träume, darunter nicht nur Primaten, Hunde und Katzen, sondern auch Zebrafische und Oktopoden. Für einen guten Überblick über aktuelle Forschungen siehe auch: David M. Peña-Guzmán: *When Animals Dream: The Hidden World of Animal Consciousness.*

2 Ankommen Vielleicht besonders eine »westliche«, industrielle und postindustrielle Sehnsucht. Die Logik der industriellen Welt ist das, was Joseph Schumpeter so optimistisch als »schöpferische Zerstörung« bezeichnete. Alte Strukturen werden plattgewalzt, neue nur provisorisch errichtet und gleich wieder niedergerissen. Das fördert das Wirtschaftswachstum, aber es ist zumindest möglich, dass es die in dieser Zerstörung gefangenen Menschen auch unerträglich stresst, weil Homo sapiens evolutionär nicht für so viel rasende Veränderung gerüstet ist. So bringt die Moderne ein fürchterliches Gefühl des Losgerissen-Seins, des orientierungslosen Treibens mit sich.

Die Konsumgesellschaft bietet den Ausweg, sich Identitätsmarker zumindest zu kau-

Diese gebrandeten
Identitäten allerdings
sind fragil
und müssen es sein,
denn die Kund:innen
müssen in einem
Zustand der dauernden
Unsicherheit
gehalten werden,
um auch die Produkte
der nächsten Saison
zu brauchen.

fen und dadurch Teil einer Gemeinschaft zu werden, die von professionellen Marketing-Firmen gestoryboarded, gebrandet und abfotografiert wurde, um sich dann als Identitätshafen von Millionen darzustellen. Diese gebrandeten Identitäten allerdings sind fragil und müssen es sein, denn die Kund:innen müssen in einem Zustand der dauernden Unsicherheit gehalten werden, um auch die Produkte der nächsten Saison zu brauchen.

Das Ankommen ist in diesem Zusammenhang immer schon kompromittiert, weil es nur vorläufig ist, weil es immer vom Urteil anderer abhängt. Umso mehr wächst die Sehnsucht nach einer natürlichen, nicht hinterfragbaren und verwurzelten Identität, danach zu wissen, wer man ist, eine Sehnsucht, die von Populisten und intellektuellen Quacksalbern und Rattenfängern höchst profitabel bedient wird.

Das Problem eines redlichen aufgeklärten Denkens ist, dass seine Antwort immer komplizierter, herausfordernder ist als die Antworten irgendwelcher Religionen oder Nationalisten, die klare und einfache Identitäten und Geschichten anbieten. Die meisten dieser Geschichten sind zwar schwachsinnig, aber das

Begehren nach Sinn im eigenen Leben scheint so groß zu sein, dass auch der größte Schwachsinn zahllose Anhänger:innen finden kann, solange er eine stabile Identität und das Gefühl der eigenen Überlegenheit anbietet.

3 Wirklichkeiten Die neueste dieser Wirklichkeiten ist eine rapide mächtiger werdende Künstliche Intelligenz. Noch bevor aber lernende Systeme innerhalb von wenigen Jahren perfektionieren, wie sie die kognitiven Schlagseiten und emotionalen Löcher von Homo sapiens für seine Manipulierbarkeit nutzen, bedeutet schon ein so simples Tool wie Social Media eine hoffnungslose emotionale und kognitive Überforderung ihrer Benutzer:innen. Die schiere Flut von personalisierter Information bedeutet, dass wir jeden Tag mit einem Defizit beginnen: nicht auf dem Laufenden, nicht schnell genug geantwortet, geliked, immer einen Schritt hinterher. Das drückt von vornherein in die Defensive, und angesichts der immensen Informationsschwemme ist das ein verlorener Krieg für einen Primaten, der über 100.000 oder auch 200.000 Jahre in kleinen Gruppen durch die Savannen gezogen ist und dessen Hirn an einen eher überschaubaren Informationsfluss entwickelt war.

In nur drei oder vier Generationen hat sich dieses Verhältnis zwischen Aufmerksamkeit und Informationsmenge so umgekehrt, dass es kaum verwundert, dass manche Menschen wie Zombies durch die Welt zu wanken scheinen.

4 **Homo sapiens** Ehrlich gesagt: Wirklich wichtig ist Homo sapiens nicht für das Leben auf diesem Planeten, für die Zukunft dieses Planeten oder seiner Galaxie etc. Eher wie ein Parasit, der zeitweise an der Oberfläche eines kosmischen Sandkorns nagt. Da wir aber für uns selbst immer noch wichtig sind, haben Standortbestimmungen nichts von ihrer Wichtigkeit verloren.

5 **Die Idee einer lebenswerten Zukunft** Hier stellt sich natürlich die Frage, wie viel Sinn es hat, ausführlich am Prachtbau einer aufklärerischen Ethik zu planen, wenn die internationalen Machtspiele und die Strategien großer Konzerne von solchen Hirngespinsten überhaupt keine Kenntnis nehmen und das globale Spiel nach ganz anderen Regeln gespielt wird. Diese Frage kann nur durch Taten beantwortet werden.

6 **Zu Geld gemacht** Die Absicht, die Vorstellungswelt zu kontrollieren, ist so alt wie die Menschheit selbst, die Technologien aber sind neu. Schon Jeremy Bentham träumte von der totalen Über-

wachung der Insassen seines Panoptikums, aber auch er konnte sich nicht vorstellen, dass sich Individuen irgendwann freiwillig zu Insassen machen würden, weil sie die Bequemlichkeit der Zelle schätzen oder sogar, weil sie die Zelle zwar schrecklich finden, aber zu viel Angst vor der Welt da draußen haben, dass sie um dieser Bequemlichkeit oder dieser gefühlten Sicherheit willen fast jede Kontrolle und Maßregelung hinnehmen. Das war der entscheidende, wenn auch vielleicht unbeabsichtigte Kunstgriff: Das Instrument der Kontrolle und der Beeinflussung zum Desideratum zu machen, zum hochbegehrten Konsumgut, auf das Menschen lange sparen und das ihr kostbarster Besitz wird, ein Handy zum Beispiel. Vor so was muss man schon seinen Hut ziehen.

7 **Die beste Wirklichkeit** Dieses Zerrbild einer emanzipierten und aufgeklärten Gesellschaft wird als Resultat der Aufklärung bezeichnet und als solches auch immer wieder angegriffen. Tatsächlich sind wichtige Elemente jenes digitalen Überwachungskapitalismus die Folge einer aufgeklärten Leidenschaft für Wissenschaft, für Rationalität und einer Bewunderung für eine Herrschaft der Tugend — ein

Laster, dem verschiedene aufgeklärte Autoren tatsächlich verfallen waren. Persönlich scheint mir der plötzliche und enorme Einfluss neuer Kommunikationstechnologien einen wesentlich größeren Einfluss zu haben. Die Ideen der Aufklärung spielen sich auf einer philosophischen und politischen Ebene ab und die Diskussionen sind inzwischen drei Jahrhunderte alt. Social Media beherrschen den Tag, die Kommunikation und die Informationen zahlloser Menschen erst seit wenigen Jahren, aber sie haben den Kampf um die Aufmerksamkeit schnell gewonnen. Anerkennung, Emotionen und Bilder werden den Wettbewerb gegen philosophische Ideen immer für sich entscheiden.

8 Version der Realität Auf diesen Mechanismus hat schon Richard Sennett in seinem Buch *Handwerk* hingewiesen. Als Endverbraucher werden man und frau auf dem Niveau ihrer größten Faulheit und Inkompetenz angesprochen und wollen sofort Erfolgserlebnisse. Das ist der Job der Apps. Ein Fotofilter mit den persönlichen Beleuchtungsprofilen eines großen Fotografen kann durch ein digitales Wunder (und eine Zahlung) über meine mittelmäßigen Fotos gelegt werden, indem die Software die Formen

analysiert und dann virtuell neu ausleuchtet. Die Resultate sind spektakulär. Meine bescheidenen Kreationen sehen plötzlich professionell aus, dramatisch, wenn auch vielleicht ohne die kleinen Unvollkommenheiten, die ein Bild häufig erst lebendig machen. Trotzdem: ein enormer, vermarktbarer Fortschritt. Allerdings bin ich bei alledem ein genauso mittelmäßiger Fotograf geblieben wie vorher. Wenn ich ein besserer Fotograf werden will, muss ich lernen, üben, viele schlechte Bilder machen, scheitern und besser scheitern, bis ich das Auge und die Technik entwickele, meine Imagination selbst auszuleuchten. Dieser Prozess ist langwierig, teuer und frustrierend, aber es ist gerade dieser Prozess, der nicht durch eine App ersetzt werden kann, denn das ist gelebte Erfahrung, ein Projekt mit einem Ziel, das längst auch die Person formt, die es unternimmt.

9 **Hyperkapitalistischer Konsum** Nein, ich bin noch nicht zu den Marxisten übergelaufen, obwohl es sich immer noch und immer wieder lohnt, Marx zu lesen. Ich folge nicht einmal der aktuellen Tendenz des Antikapitalismus, denn wir werden nie in Gesellschaften leben, in denen alle Menschen einträchtig, solidarisch und selbstlos

handeln. Vielleicht ist Kapitalismus wie Demokratie: mittelmäßig und in all seinen Versionen problematisch, aber das einzig bekannte System, das Menschen sehr unterschiedlicher und gelegentlich sogar antagonistischer Ansichten und Interessen (wie sie in pluralistischen Gesellschaften nun mal existieren) erlaubt, gemeinsam und regelbasiert zu handeln. Beide brauchen Korrekturen, die außerhalb des Systems verankert sind. Die Meinung der Mehrheit und sogar eine demokratische Wahl kann Demokratien auch beenden, der absolute, freie Markt kann zu Monopolen und immensen Zerstörungen von natürlichen und menschlichen Gesellschaften führen. Beide aber erlauben ein mehr oder minder friedliches Miteinander widersprüchlicher Interessen. Trotzdem ist ein globales System, das auf systemischer Zerstörung beruht, ein täglich weiter wuchernder Wahnsinn.

10 **Tägliche Praxis** Es scheint etwas trivial, im Kontext eines philosophischen Textes das Loblied der Leibesübungen zu singen, aber dem Sog der Simulation lässt sich nur durch eine Verankerung im Analogen begegnen, und es gibt keine unmittelbarere Erfahrung als die des eigenen

Körpers. Es ist weniger wichtig, welche körperliche Praxis diesen Anker bildet, sei es Tai-Chi oder Marathon-Laufen, ein Instrument spielen oder Fußball, Zeichnen oder Tanzen. Wichtig ist nur, dass es an die Grenzen der eigenen Fähigkeiten führt, dass man sich einsetzen muss, neue Techniken erlernt, Niederlagen und Triumphe erlebt, tiefer eindringen will und kann, dass es alles an Willen und Fähigkeiten absorbiert und dann mehr fordert, zu mehr verführt. Wichtig ist auch, dass eine solche Aktivität fast zwangsläufig Verbindungen schafft, die über ein Individuum hinausreichen, durch die Zeit — in die Vergangenheit der Disziplin wie in die Zukunft — und durch den Raum, als Strukturen, Bekanntheit, Respekt. Fähigkeiten müssen erlernt werden, es gibt Lehrer:innen und Schüler:innen, und irgendwann werden die Lernenden selbst zu Lehrenden und gehören zu einer Gemeinschaft, die über die eigene Generation und die eigenen Bekanntschaften hinausgeht, die eine gemeinsame Sprache spricht. Besonders wichtig aber ist, dass so eine Disziplin durch keine App ersetzt werden kann, dass nichts die Erfahrung des eigenen Köpers, der eigenen Be-

Zu lange hat die
westliche Philosophie,
zu der auch die
Aufklärung gehört,
den Körper
als Bedingung der
Erfahrung begriffen,
aber als Basis
alles Verstehens
und Denkens
vernachlässigt.

grenzungen, der eigenen Transformation ersetzen kann.

Diese Erfahrung ist Teil des philosophischen, aufklärerischen Projekts, das Verständnis der Welt in der Erfahrung zu begründen. Zu lange hat die westliche Philosophie, zu der auch die Aufklärung gehört, den Körper als Bedingung der Erfahrung begriffen, aber als Basis alles Verstehens und Denkens vernachlässigt. Zu lange hat die Aufklärung den christlichen Körperhass und den Reinheitskult nicht nur tradiert, sondern weiter intensiviert und in Politik verwandelt. Schon Aufklärungsdenker wie Meslier oder Diderot haben gegen diese Marginalisierung des Körpers und seiner Regungen in der Philosophie protestiert und den erfahrenden, empfindenden Körper in den Mittelpunkt des Philosophierens gerückt — und in einer materialistischen, sensualistischen Philosophie sogar zum Ziel alles menschlichen Strebens erklärt.

11 **Auf das sinnliche Sein bestehen** Nein, ich bin nicht technophob. Ich lebe in dieser Gesellschaft, nehme teil an ihren Technologien und ihren Ritualen. Aber Technologien verändern Menschen; ihre Gewohnheiten, ihre Körper, ihre Weltsicht, ihre Möglichkeiten, ihre Krankheiten und ihre

Träume. Jede Technologie, die jeden Tag mehrere Stunden lang gebraucht wird, schafft jedes Mal Millionen neuer Synapsen und verändert ihre Benutzer:innen auch physisch. Das muss man feststellen, auch wenn man daran teilnimmt, auch um zu wissen, wie weit man diese Präsenz in sein Leben lassen möchte.

12 Disziplin A Aber ist das analytische Verständnis nicht genug? Seit Jahrtausenden philosophieren Philosophen in ihren Studierstuben und schreiben nicht über schwitzende Körper.

B Im Gegenteil, lieber Freund. Die alten Griechen betrieben ihre Philosophie im Gymnasium (also dem Sportsaal), und noch die Römer meinten, dass ein gesunder Geist einen gesunden Körper braucht. Auch in anderen Kulturen gibt es Traditionen der Weisheit durch körperliche Erfahrung, sei es durch aktive Meditation, Fasten, psychoaktive Substanzen, lange Reisen oder Trance-Tänze. Die Körperverachtung der Philosophie ist ein trauriges Kind der Scholastik und der rationalistischen Aufklärung, die den Körper für so unaufklärbar, schmutzig und unvernünftig hielt, dass sie lieber (sehr christlich) versuchte, den Geist zu befreien. Höchste Zeit für die Rückkehr des Körpers, der Libido, des Schmerzes, der Verletzlichkeit, des Eros, der Sterblichkeit in die Philosophie!

A Ja gut, aber reicht es nicht, darüber zu sprechen?

B Eben nicht. Praxis, körperliche Erfahrung ist durch nichts zu ersetzen. Wenn man oder frau etwas rational durchschaut hat, ist diese Einsicht noch lange nicht im System angekommen, so wie Menschen, die gerade eine lange Reise hinter sich haben, einige Zeit brauchen, bis sie auch psychisch am neuen Ort angekommen sind, obwohl sie körperlich schon da sind. Das ist Freuds zentraler Fehler gewesen, sagte mir ein Freund, ein Psychiater und Autor, die Annahme, dass Einsicht gleich Heilung ist. Der intellektuelle Prozess ist nur ein Teil des menschlichen Erlebens und Einsichten, neue Lebenshaltungen wollen auch äußerlich zu einer neuen Haltung werden. Du bist nicht nur ein Geist auf der Couch, kein Hirn in einem Roboter. Deswegen ist Verständnis allein nicht genug. Es muss mit Erfahrung verbunden werden, und das geht am einfachsten durch Rhythmus, durch Routine, durch Regelmaß und intensive Aufmerksamkeit und Wiederholung — dadurch, dass du etwas tust.

A Und das soll einen Unterschied machen?

B Probier es mal. In 10.000 Stunden sehen wir uns wieder.

13 Begehren nach Sinn Ja, das ist eine ziemlich steile Behauptung. Die drei stärksten Grundmotivationen im Labyrinth der menschlichen Psyche sind: Eros, Angst und ein Drittes, das schwieriger zu bezeichnen ist. Viktor Frankl nennt es mit einer Anspielung auf Nietzsche selbstermächtigend den »Willen zum Sinn«, Maurice Merleau-Ponty ist etwas pessimistischer, wenn er schreibt: »Da wir in der Welt sind, sind wir zum Sinn verurteilt, und nichts können wir tun oder sagen, was in der Geschichte nicht seinen Namen fände.« (Maurice Merleau-Ponty: *Phänomenologie der Wahrnehmung*, S. 16)

Diese existenzielle Perspektive scheint einleuchtend. Es ist das Begehren danach, den Sinn der Gemeinschaft zu teilen, etwas zu bedeuten, jemand zu sein, anerkannt und erkannt zu werden, hoffen zu können, nützlich zu sein, vermisst zu werden, eine Präsenz zu haben über den eigenen Tod hinaus, nicht vergessen zu werden. Dieses Begehren scheint der Libido ebenbürtig. Es treibt Menschen in den Märtyrertod oder den Tod in der Schlacht, es lässt sie sich aufopfern, macht sie zu lebenslang Suchenden, schafft Kunst und Geschichten, Sammlungen, große Verbrechen und Imperien.

Das Begehren nach Sinn ist mächtig, bisweilen übermächtig, manchmal auch betäubt, verwirrt, frustriert. Ein emotionales Erwachsenwerden besteht auch darin, es verstehen zu lernen und weder hineinzukippen noch es zu verdrängen oder zu leugnen, sondern zu lernen, spielerisch damit umzugehen.

Mein Begehren nach Sinn ist real, ich empfinde es als real und ich denke so oft daran wie an Sex. Aber im Gegensatz zu meinem erotischen Begehren hat mein Begehren nach Sinn kein Objekt außerhalb von mir selbst, denn nichts deutet darauf hin, dass dieses Objekt meines Begehrens unabhängig davon existiert. Der Sinn, nach dem ich begehre, ist nicht irgendwo da draußen, er ist in mir, ich suche ihn nur außerhalb. Wenn aber viele Menschen dasselbe begehren, unabhängig davon, ob es existiert oder nicht, dann resultiert daraus eine Massenhysterie und die Leute beginnen Dinge zu sehen, Wunder zu erleben, und plötzlich ist etwas wahr, hat es eine Tradition, einen Tempel, ein Konto. Sich von diesem Begehren weit genug zu distanzieren, um damit spielen zu lernen, seine Realität anzuerkennen, aber es deswegen noch längst nicht für bare Münze zu nehmen, das wäre ein schönes persönliches Ziel einer neuen Aufklärung, und es will täglich neu anvisiert werden.

14 Eine verstärkte Solidarität Und nein, Strickclubs, Mountainbike-Vereine und Amateurchöre sind nicht die Lösung all unserer Probleme. Trotzdem wird es in Zeiten der digitalen Kolonisierung der menschlichen Fantasie existenziell notwendig, das eigene analoge Leben zu kultivieren und der eigenen Imagination Freiräume zu schaffen, ohne die intellektuelle Autonomie nicht möglich ist.

15 Erkundet werden können Viktor Frankl geht so weit, ein sinnvolles Leben als völlig selbstvergessen zu bezeichnen und vergleicht es mit dem Funktionieren des Auges, das sich seiner eigenen Funktion nur dann bewusst wird, wenn es krank oder beschädigt ist. Ist eine so vollkommene Selbstvergessenheit wirklich erstrebenswert? Einerseits sind gerade in einer täglichen und schöpferischen Disziplin wie auch im Spiel von Kindern die Momente des Flow, in denen die Zeit stillzustehen scheint in einer Art

Selbstaufgabe an die Sache, andererseits sehe ich nichts Erstrebenswertes darin, das Bewusste und deshalb oft auch Leidvolle.

16 Narrative Form In seinem Buch *The Sweet Spot* schreibt der an der Yale University lehrende Psychologe Paul Bloom die essenzielle Bedeutung von gewähltem Leid (*chosen suffering*) für die Möglichkeit von Glück. Nur etwas, dessen Erwerb mit einem gewissen Maß an Leid, Schmerz und Tränen verbunden war, ist bedeutsam und kostbar. Auch persönlicher und sozialer Sinn entstehen in Prozessen, die immer mit Leiden verbunden sind und vielleicht sein müssen. Nicht gewähltes Leid ist schwieriger in Sinn umzumünzen. Extreme Leidenserfahrungen wie die Inhaftierung in einem Konzentrationslager können zu Katalysatoren der Sinngebung werden (siehe Viktor Frankl), aber die meisten Insassen wurden durch ihre Erfahrungen keine besseren Menschen, sondern wurden beschädigt, gebrochen, zerrüttet. Die Leidensökonomien verschiedener Menschen sind dabei sehr unterschiedlich und noch wenig erforscht.

17 Von zahllosen Händen gezeichnet Die australischen Aborigines haben das seit buchstäblich Tau-

senden von Generationen gewusst und praktiziert. Sie navigieren über immense Abstände mithilfe ihrer *Songlines*, einem komplexen Netz von geografischen und mythischen Orientierungslinien entlang von Geschichten, die getanzt, gesungen, erzählt und geträumt werden. Die Songlines aber, in der Sprache der Yanyuwa die *Kujika*, sind weit mehr als Navigationshilfen. Der Lehrer und Anthropologe John Bradley, der 20 Jahre in einer Yanyuwa-Gemeinschaft verbrachte, schreibt: *Kujika »was a Yanyuwa way of knowing, which, by singing, Lifts and Holds and animates both country and kin.«* (Bradley: *Singing Saltwater*, S. XIII) Erst durch Bruce Chatwins Meisterwerk *The Songlines* wurde diese tiefe Kultur auch im sogenannten Westen bekannt, auch wenn sie durch eine geradezu eliminatorische Politik verschiedener australischer Regierungen gemeinsam mit den sie lebenden und singenden Menschen fürchterlich beschädigt und oft völlig zerstört wurde.

Auch im antiken Griechenland gab es einigen Forschern zufolge *Songlines*, die beispielsweise in der *Odyssee* festgehalten sind, denn der ursprünglich mündlich tradierte Mythos projizierte ein Koordinatennetz über Sternenhimmel und Landschaft. (Siehe z. B. Jean Cuisenier, *Pratiques nautiques et cosmologie: l'Odyssée d'Homère revisitée, Ethnologie française*, vol. 31, no. 4, 2001, pp. 725–739)

Die Idee von getanzten und erzählten, körperlich erfahrenen *Songlines* des Territoriums, in dem sich Homo sapiens befindet, scheint wenig mit Aufklärung zu tun zu haben.

18 Keine Gesellschaft Dieses Narrativ einer möglichen Zukunft kann auf verschiedenen Ebenen erzählt werden, aber es beginnt immer mit den Grundsätzen der Aufklärung: Rationalität, Empirie, Toleranz, Autonomie, Gleichheit. Auf der unmittelbarsten Ebene gesagt: Es gibt keine vernünftige Alternative dazu, sich nach der Wissenschaft zu richten und unser Bestes zu tun, um eine Welt zu ermöglichen, in der auch 2050 noch Menschen leben und gut leben können, angefangen bei den eigenen Kindern am eigenen Ort. Das ist eigentlich alles, was man wissen muss. Auf einem etwas höheren, politischen Niveau geht es dann um sinnvolles Handeln und Leitstrukturen, eine wirtschaftliche CO2-Steuer zum Beispiel, ein digitales Global Commons für patentfreie nachhaltige Schlüsseltechnologien, einen globalen Transfer von Geld und Technologie zur Bekämpfung der

Klimakrise, einen rapiden Ausstieg aus fossilen Brennstoffen — all die längst bekannten, längst überfälligen Dinge, ohne die es sich kaum lohnt, darüber zu sprechen, was auf der höheren, systemischen, internationalen Ebene passieren muss, wo praktische Lösungen in noch weiterer Ferne liegen. Philosophisch aber mündet diese ganze analytische Bewegung in Spinoza: Es gibt nichts außer der Natur.

19 Erd- und Muttergottheit des antiken Griechenland Diese mythologische Verbindung ist weder zufällig noch sinnlos, denn tatsächlich bedarf es keiner neuen Geschichte nach dem Zusammenbruch der messianisch-unterwerfenden Denkweise, sondern nur eines neuen Vokabulars für längst vertraute Inhalte. Um es bewusst missverständlich auszudrücken: Ein neuer Animismus wäre ein interessantes Verständnismodell der gegenwärtigen Realität.

Die ältesten überlieferten Geschichten der Menschheit dramatisieren bereits eine Intuition, die in der Gegenwart immens wichtig wird. Animistische Kulturen auf allen Kontinenten glaubten und glauben an eine Vielzahl von Göttern, Göttinnen, Dämonen, Ahnen, Geistern, Nymphen etc. Diese übersinnlichen Wesen sind ein Ausdruck der verschiedenen Aspekte und Wirkmächte der Natur. Sie zu verehren ist einfach eine ritualisierte Praxis der Anerkennung, dass Menschen mit jedem Schritt, den sie machen, mit jeder Aussaat und jeder Ernte, jeder Jagd und jeder Schlachtung, jedem Feuer und jeder Seereise das Territorium einer anderen Macht betreten oder verletzen, dass sie mit dieser Macht also einen neuen Zustand aushandeln müssen, der das Ganze wieder ins Gleichgewicht brachte. Animismus ist ritualisierte Gegenseitigkeit.

Nach 3000 Jahren Naturbeherrschung, an der auch die erste Aufklärung aktiv und enthusiastisch teilnahm, kommt jetzt ein historischer Moment, der die Grundeinsicht der Animismen anerkennt. Menschliche Aktivitäten und menschliche Ausbreitung haben in einer immensen Invasion über kurze Zeit das Territorium anderer nicht menschlicher Mächte verletzt und ein Gleichgewicht verschiedener, oft nicht sichtbarer Kräfte und Akteure gestört. Die einzige Hoffnung, innerhalb dieses Systems, aus dem es kein Entrinnen gibt, einen Platz zu finden, besteht darin, mit jenen unsichtbaren Mächten einen neuen Frieden auszuhandeln.

Dazu sind Brandopfer und Heldenmythen heute allerdings keine brauchbaren Mittel mehr.

20 **Das *terroir* des Menschseins** Diese systemische Idee wird auch von der Ökonomin Kate Raworth vertreten, die ihr Modell als Donut Economics zusammengefasst hat. Anstatt unendliches Wachstum zu suchen, wird die gesellschaftliche Aktivität in verschiedene Segmente eines Kreises eingeteilt. Alles, was sich zu nahe am Zentrum abspielt, bedeutet menschliche Armut, bedeutet Leid, Hunger und Krankheit. Alles, was sich zu weit vom Zentrum entfernt, bedeutet Exzess, Extraktion, Überbelastung, Zerstörung. Das Geheimnis eines erfolgreichen Gemeinwohls ist es, die Donut-Form zu wahren: nicht zu nahe am Mangel, nicht bis in den Exzess hinein.

Das Problem mit dieser Idee, wie mit anderen Modellen der *solid state economics*, ist, dass jede Art von Transformation unter dem Stresstest von Kriegen und zusammenbrechenden Systemen wird stattfinden müssen. Dabei sind sie schon in Zeiten von Frieden und Wohlstand schwer genug zu erreichen.

21 **Endlich eine ordentliche Fußnote** Bruno Latour, *Critical Zones*, https://zkm.de/de/bruno-latour-ueber-critical-zones

22 **Ein sinnloses Universum** Das war von Anfang an das Problem der aufgeklärten Deisten (der Philosophen, die an irgendeinen philosophischen Gott, ein schöpferisches Prinzip, einen Gesetzgeber oder einen kosmischen Uhrmacher glaubten): Wer sich einmal auf die schiefe Ebene des evidenzbasierten Argumentierens begibt, muss große Energien aufwenden, um nicht an der sonst unausweichlichen Destination Atheismus anzukommen. Die dafür ins Feld geführten Argumente waren oft mehr als klapprig, konnten aber vor einem lesenden Publikum, das diese tröstlichen letzten Wahrheiten kaum hinterfragen wollte, trotzdem bestehen.

23 **Mordtat als Befreiung** In London war eine Zeit lang ein Graffiti zu sehen: »*God is dead. Nietzsche. — Nietzsche is dead. God.*«

Dieses berühmteste aller Zitate von Friedrich Nietzsche aber hat noch eine Fortsetzung, die heute nicht nur unglaublich modern wirkt, sondern fast prophetisch ein Lebensgefühl beschreibt: »Gott ist tot ... Wir alle sind seine Mörder! Aber wie haben wir dies gemacht? Wie vermochten wir das Meer auszutrinken? Wer gab uns den Schwamm, um den ganzen Horizont wegzuwischen? Was taten wir, als wir diese

Erde von ihrer Sonne losketteten? Wohin bewegt sie sich nun? Wohin bewegen wir uns? Fort von allen Sonnen? Stürzen wir nicht fortwährend? Und rückwärts, seitwärts, vorwärts, nach allen Seiten? Gibt es noch ein Oben und ein Unten? Irren wir nicht wie durch ein unendliches Nichts? Haucht uns nicht der leere Raum an? Ist es nicht kälter geworden? Kommt nicht immerfort die Nacht und mehr Nacht? Müssen nicht Laternen am Vormittage angezündet werden? Hören wir noch nichts von dem Lärm der Totengräber, welche Gott begraben? Riechen wir noch nichts von der göttlichen Verwesung? — auch Götter verwesen! Gott ist tot! Gott bleibt tot! Und wir haben ihn getötet!«

(Friedrich Nietzsche: *Werke in drei Bänden*. München 1954, Band 2, S. 127)

24 **Menschen in der kritischen Zone verorten** Wenn das zu kompliziert klingt: Wir sind Natur.

Zur weiteren Lektüre

Adorno, Theodor W. und **Horkheimer, Max:** *Dialektik der Aufklärung.* Frankfurt am Main, S. Fischer, 1969.

Appiah, Anthony: *As If — Idealization and Ideals.* Cambridge, Massachusetts, HUP, 2017.

Blom, Philipp: *Was auf dem Spiel steht.* München, Hanser, 2017.

—: *Das große Welttheater — Von der Macht der Vorstellungskraft in Zeiten des Umbruchs.* Wien, Paul Zsolnay, 2020.

—: *Gefangen im Panoptikum. Reisenotizen zwischen Aufklärung und Gegenwart.* Salzburg, Residenz, 2017.

—: *Die Welt aus den Angeln.* München, Hanser, 2017.

—: *Böse Philosophen — Ein Salon in Paris und das vergessene Erbe der Aufklärung.* München, Hanser, 2011.

Bloom, Paul: *The Sweet Spot — The Pleasures of Suffering and the Search for Meaning.* London, HarperCollins, 2021.

Bradley, John und **Families, Yanyuwa**: *Singing Saltwater — Journey to the Songlines of Carpentaria.* Crows Nest NSW, Allen and Unwin, 2010.

Chatwin, Bruce: *The Songlines.* London, Vintage, 1998.

Descola, Philippe: *Par-delà nature et culture.* Paris, Gallimard, 2005.

Diderot, Denis: *Philosophische Werke.* Aus dem Französischen von Theodor Lücke, Frankfurt am Main, Suhrkamp (1961), 2013.

Graeber, David und **Wengrow, David:** *Anfänge — eine neue Geschichte der Menschheit.* München, Klett-Cotta, 2022.

Gray, John: *Straw Dogs — Thoughts on Humans and Other Animals.* London, Granat, 2002.

Holland, Tom: *Herrschaft. Die Entstehung des Westens.* Aus dem Englischen von Susanne Held, Stuttgart, Klett-Cotta, 2021.

Hyde, Lewis: *Die Gabe — Wie Kreativität die Welt bereichert.* Frankfurt am Main, S. Fischer, 2008.

Israel, Jonathan: *Radical Enlightenment: Philosophy and the Making of Modernity.* 1650–1750. Oxford University Press, 2001.

— : *Enlightenment Contested: Philosophy, Modernity, and the Emancipation of Man.* 1670–1752. Oxford University Press, 2006.

— : *Democratic Enlightenment: Philosophy, Revolution, and Human Rights* 1750–1790. Oxford University Press, 2011.

— : *A Revolution of the Mind: Radical Enlightenment and the Intellectual Origins of Modern Democracy.* Princeton University Press, 2009.

Israel, Jonathan und **Mulsow, Martin: (Hrsg.):** *Radikalaufklärung.* Suhrkamp, Berlin 2014.

Latour, Bruno: *Face à Gaïa.* Paris, La Découverte, 2015.

— : *Das terrestrische Manifest.* Frankfurt am Main, Suhrkamp, 2018.

Lovelock, James: *Das Gaia-Prinzip. Die Biographie unseres Planeten.* Artemis und Winkler, Zürich/München, 1991.

Malik, Kenan: *Not so Black and White — A History of Race from White Supremacy to Identity* Politics. London, Hurst, 2023.

Merleau-Ponty, Maurice: *Phénoménologie de la perception* (Paris: Gallimard, 1945). XIVf. (dt.: *Phänomenologie der Wahrnehmung,* übers. von Rudolf Boehm [Berlin: de Gruyter, 1966] S. 16).

Mishra, Pankaj: *Das Zeitalter des Zorns. Eine Geschichte der Gegenwart.* Aus dem Englischen von Laura Su Bischoff und Michael Bischoff. S. Fischer, Frankfurt am Main 2017.

Montaigne, Michel de: *Essais.* Übers. Hans Stilett. Frankfurt am Main, Eichborn Verlag, 1998.

Muthu, Sankar: *Enlightenment Against Empire.* Princeton/Woodstock, PUP, 2003.

Mutu, Margaret: (Ngāti Kahu, Te Rarawa and Ngāti Whātua nations) (2019) *›To honour the treaty, we must first settle colonisation‹ — the long road from colonial devastation to balance, peace and harmony‹,* Journal of the Royal Society of New Zealand, 49:sup1, 4–18.

Nietzsche, Friedrich: *Morgenröte,* in: Kritische Studienausgabe. Berlin, de Gruyter, 1999.

Pelluchon, Corine: *Les Lumières à l'âge du vivant.* Paris, Seuil, 2021.

Peña-Guzmán, David M.: *When Animals Dream: The Hidden World of Animal Consciousness.* Princeton, PUP, 2022.

Raworth, Kate: *Die Donut-Ökonomie. Endlich ein Wirtschaftsmodell, das den Planeten nicht zerstört.* München, Hanser, 2018.

Rorty, Richard: *Contingency, Irony, and Solidarity.* Cambridge/New York, COP, 1995

—: *Philosophy and Social Hope.* London, Penguin, 1999.

Rosa, Hartmut: *Resonanz — Eine Soziologie der Weltbeziehung.* Frankfurt am Main, Suhrkamp, 2019.

Scheidler, Fabian: *Der Stoff aus dem wir sind — Warum wir Natur und Gesellschaft neu denken müssen.* München, Piper, 2021.

Sennett, Richard: *Handwerk.* Berlin, Berlin-Verlag, 2008.

Sheldrake, Merlin: *Verwobenes Leben — Wie Pilze unsere Welt formen und unsere Zukunft beeinflussen.* Aus dem Englischen von Sebastian Vogel. Berlin, Ullstein, 2020.

Stone, Christopher D.: ›*Should Trees Have Standing? — Towards Legal Rights for Natural Objects.*‹ *Southern California Law Review* 45 (1972): 450–501.

Vaihinger, Hans: *Die Philosophie des Als Ob. System der theoretischen, praktischen und religiösen Fiktionen der Menschheit auf Grund eines idealistischen Positivismus.* Mit einem Anhang über Kant und Nietzsche, 1911.

de Waal, Frans: *Are We Smart Enough to Know How Smart Animals Are?* W. W. Norton & Co., New York, 2016.

Yong, Ed: *An Immense World: How Animal Senses Reveal the Hidden Realms Around Us.* London, Bodley Head, 2022.

Zhao, Tingyang: *Alles unter dem Himmel, Vergangenheit und Zukunft der Weltordnung.* Aus dem Chinesischen von Michael Kahn-Ackermann, Frankfurt am Main, Suhrkamp, 2020.

Der Autor

Philipp Blom, geboren 1970 in Hamburg, studierte Philosophie, Geschichte und Judaistik in Wien und Oxford. Er lebt als Schriftsteller und Historiker in Wien. Zu den bekanntesten Büchern des vielfach ausgezeichneten Bestseller-Autors zählen *Der taumelnde Kontinent*, *Die zerrissenen Jahre*, *Die Welt aus den Angeln*, *Was auf dem Spiel steht* sowie zuletzt *Die Unterwerfung*. Neben seinen historischen und literarischen Werken ist Philipp Blom journalistisch tätig, moderiert die Sendung *Punkt Eins* auf dem österreichischen Kultursender Ö1, macht Filme wie die mehrfach preisgekrönte Dokumentarserie *Der taumelnde Kontinent* und kuratiert Ausstellungen in Europa und den USA.

Impressum

Liebe Leser*innen,
bleiben wir in Verbindung!
Wir freuen uns auf Ihre Anregungen, Kritik und Wünsche.

leserbrief@brandstaetterverlag.com

Viele weitere Leseinspirationen und Geschenkideen finden Sie unter

www.brandstaetterverlag.com

Für Informationen und weitere Titel
aus der Reihe **Auf dem Punkt** besuchen Sie

ISBN 978-3-7106-0737-0

2. Auflage, 2024

Papier: Salzer EOS 1,5-fach (FSC®- und PEFC-zertifiziert)
Gedruckt in der EU

Grafische Gestaltung: Capitale Design Studio
Schriften: Grotta, Novel Pro
Lektorat: Arnold Klaffenböck
Projektleitung: Judith E. Innerhofer

Wir tragen Verantwortung

Aus diesem Grund haben wir uns auf den Weg gemacht, um unseren Einfluss auf das Klima und auf den Planeten zu minimieren. Anstelle von Kompensationszahlungen, und über die üblichen Umweltlabel hinausgehend, haben wir uns das Ziel gesteckt, den CO_2-Ausstoß auf allen Ebenen signifikant zu verringern – entlang der gesamten Wertschöpfungskette von der Idee bis zum Buch in Ihren Händen. Mehr Informationen finden Sie unter

www.brandstaetterverlag.com/nachhaltigkeit